看盘细节

——全新的股价走势分析方法

第三版

潘伟君 著

地震出版社
Seismological Press

图书在版编目(CIP)数据

看盘细节：全新的股价走势分析方法 / 潘伟君著.

—3 版.—北京：地震出版社，2015.6(2021.7 重印)

ISBN 978-7-5028-4610-7

Ⅰ.①看… Ⅱ.①潘… Ⅲ.①股票投资-基本知识 Ⅳ.①F830.91

中国版本图书馆 CIP 数据核字(2015)第 077692 号

地震版 XM4968

看盘细节——全新的股价走势分析方法(第三版)

潘伟君 著

责任编辑：朱 叶

责任校对：凌 樱

出版发行：地 震 出 版 社

北京市海淀区民族大学南路 9 号 邮编：100081

发行部：68423031 68467993 传真：88421706

门市部：68467991 传真：68467991

总编室：68462709 68423029 传真：68455221

证券图书事业部：68426052 68470332

http：//www.dzpress.com.cn

E-mail：zqbj68426052@163.com

经销：全国各地新华书店

印刷：北京兴星伟业印刷有限公司

版(印)次：2015 年 6 月第三版 2021 年 7 月第三次印刷

开本：889×1194/32

字数：144 千字

印张：8.5

书号：ISBN 978-7-5028-4610-7/F(5303)

定价：28.00 元

序 言

我在2000年写的《追求完美》中曾将所有参与股票市场的投资者分成两部分，一部分是“猜”股价走势的，而另一部分是“做”股价走势的。这其实是一种形象化的分类，本质上就是将主力(投资者)与其他投资者区别开来。《追求完美》主要探讨的是如何建立一个完美的投资过程，对象只是普通投资者，属于“猜”股价走势的一部分。对于另一类投资者即主力而言，由于对单一品种的参与度过大，进出将不可避免地会影响到股价的自然运行态势，而且出于自身利益的考虑，主力还会在一定的“游戏”规则范围内对股价的运行进行适当甚至大量的干预。主力“做”股价的方法或者手段有各种各样，我在2005年出版的《大上海的梦想岁月》一书中有相当生动和形象的描述。

本书依然探讨如何“猜”股价的走势。

由于本书主要的切入点是分析即时看盘细节，因此更适合有一定经验和阅历的投资朋友。当然，如果你刚刚进入市场但愿意静下心来在这个市场上成就自己的成功梦想，那么本书绝对会是你的好帮手。

在判断股价走势尤其是盘中当天分时走势的时候，我们可能会突然发现所学的林林总总的投资理论一下子消失得无影无踪。确实，很难说哪一套理论是专门针对盘中即时交易的，实际上即使有这么一套理论也无法保证投资一定成功。

股票市场就是这样，没有任何理论能够保证我们一定成功，否则的话这个市场就没有大量的输家了。

本书将提供一些推理式的思路用于解释盘中即时交易的细节。有关这方面的研究目前还很少，希望本书能够给投资朋友提供一些实实在在的帮助。

什么是细节？

如果你是一个思考者，那么每天坐在电脑前看行情演变时，一定会有很多问题产生，比如“巨量开盘”告诉我们什么？“封不住的涨停”原因何在？“间断性交易”是什么意思？“楼板”为什么要抽掉？甚至有些细节可能你还没有注意到。

我在这里所说的细节其实就是非自然的交易状态。这些细节到底要告诉我们什么，这些细节的背后隐藏着什么，这些就是本书将要探讨的。

掌握这些在交易中被市场所忽略的细节具有重要意义。我一直以为，这些在日常交易中出现的一些细节往往是主力与市场对话中的一部分。换句话说，主力就是通过连续的交易，将意图自觉的或者不自觉的告诉市场。所以我们要认真对待任何一笔盘中的交易，仔细分析每一个细节。当然我们也要认识到主力告诉市场的意愿有时候并非是真正的意愿，因此最后我们还需要判定主力说的是真话还是假话。

通过盘中多空双方的交易，我们得到了大量的信息，其中基本上可以规纳为四部分的信息：

一是市场本身的交易信息。

二是盘中主力想要告诉我们的真实信息。

三是盘中主力想要告诉我们的虚假信息。

四是盘中主力不想告诉我们的信息。

我们首先是通过市场的交易形态获取直接的信息，然后可以通过本书提供的一些推理式的分析思路获取主力流露的信息，接着判断主力信息的真实性，最后获取一些主力并不想告诉我们的信息。

对于我们来说比较困难的是在实际看盘过程中如何分清这些不同类型的信息。

从广义上来说看盘的细节并不局限于当天的实时交易，也涉及到日 K 线图。由于当天实时交易的看盘细节已经非常多，因此本书的重点就在实时交易中。就这一点而言，本书对于喜欢短线投资的朋友是一本极重要的参考书。

在最后部分，将提供一种全新的图形分析方法，全面放弃双底、头肩顶等传统的图形分析理论。

特别说明，本书的重点在于寻找中短线的操作机会，所以基本上不涉及基本面的分析，但我同样尊重基本面的分析。

书中所用的分析方法不涉及任何一种经典投资理论，它的核心是推理。整个推理的基础是市场的心态、主力的心态以及主力调动市场的心态。因此可以将它称为“推理式的分析方法”。

对于追求完美的职业操盘手，或者希望成为未来成功的职业操盘手，本书将能发挥最大的作用。

作为《上海证券报》的《操盘手札记》栏目以及《实战心得》栏目多年的专栏作者，我在本书中的有些思路来源于《操盘手札记》栏目和《实战心得》栏目，但本书内容更多更丰富，分析也更详细，而且还配有大量具体的案例和图例，因此更加实用。

尽管本书已经付印，但关于看盘细节的研究还将继续，有兴趣的投资朋友可继续关注我在《上海证券报》的《实战心得》栏目，我会将最新的看盘细节分析与大家一起交流。

作为中国证券市场的一名老兵，我真诚地希望投资朋友在证券市场上获得成功。

如果有意交流，可联系： pwj80@163.com。

感谢舵手证券图书的邹力进小姐、信息早报的张海滨先生和地震出版社在本书出版过程所给予的大力支持。

目　录

一、操盘手的诠释

说到操盘手这个概念市场并不陌生，但其真正的含义却未必相同。我在本书中会经常提到操盘手，因此有必要在一开始就要把操盘手的含义解释清楚。

操盘手，单从字面上来说就是买进卖出的操作人员，但市场上一般将它理解成比较专业的投资人员。比如基金公司的交易员，私募基金的交易员或者是一些接受委托理财的实际操作人员。其实这类人员有一个共同的特点就是都参与实际的买卖操作，而且都将买卖操作作为自己的主要工作来做。

其实这种操盘手在国外被称作交易员。

如何叫法并不重要，关键还是它的含义。我在上海证券报《操盘手札记》栏目和《实战心得》栏目中也经常会用到操盘手这个名词，但它的意义与交易员有很大的差异。所谓交易员的工作就是买卖交易，所以与整个投资过程中的其他阶段包括决策阶段无关，也就是说交易员并不参与其他阶段的投资过程。

我认为只有参与整个投资过程的交易员才能被称为操盘手，所以我在《操盘手札记》栏目和《实战心得》

栏目中用“职业操盘手”这样一个提法来区别市场流行的带有交易员含义的操盘手。

本书中经常提到的操盘手或者职业操盘手是基于我自己的定义，千万别将职业操盘手同交易员联系起来。

曾经有一位多年不见的老友从海外回来相聚，我向他提起自己做了这么长时间的操盘手，感觉颇好，似乎有点飘飘然，却不料被老友讥笑，说股票操盘手无非是跟着指令下单而已，谈何成就感？

不同的理解导致了误解。

确实，在投资机构特别是规模较大的投资机构中，完成一次完整的投资过程是比较复杂的。从大的方面来说就有从品种选择、判断决策、最后下单买卖这三个过程，实际过程应该远多于三个流程。而在这个复杂的过程中交易员参与的只是最后的一个过程即买入或者卖出。由于交易员是根据指令单进行买卖，而指令单上明确标出了完成该指令单的价格范围、数量和时间，因此作为交易员的工作在某种意义上来说只是一个报单员，就像证券公司派驻在证券交易所场内的红马夹交易员。

但如果操盘手运作的是项目（市场上经常会把这一类称为“庄”），并且从头到尾都参与了整个过程

(当然也包括具体下单这个过程)，那么作用就完全不同了。

如果是普通的投资品种，也就是机构所说的投资组合品种，投资方没有必要也没有能力干预盘中股价的运行，只要认准合适的价位买进和卖出就可以了。但作为项目品种，由于参与的量相当大，因此必然会影响到股价的正常运行。这两类不同的投资方式，即投资项目和投资组合品种，其投资过程中最大的差别就在于操作过程的连续性。

尽管在组合品种的买卖中也必须关注股价的运行状态，但绝不会在乎每一天每一分钟的交易。项目运作则完全不同，操盘手必须连续地关注盘中每一笔的成交情况和接抛盘变化。因为只有通过这些细微的变化才能够感觉到市场对于股价的认同程度，才能够随时做出下单的决策。注意：这里的下单决策不需要其它任何过程，不需要任何其他人员的参与，它的决定权完全在于操盘手。

项目的运作只有目标而没有计划，不会像投资组合品种那样有限时限价的指令单，因此唯一的运作方式就是“顺势而为”。这里所说的“势”并不完全是指大盘，更主要的是指市场对股价的认同程度。从逻辑上来说这个“势”除了操盘手本人外无人知晓。

显然，对于运作项目的操盘手来说，下单只是其中的一小部分简单的手工工作，操盘手的主要工夫应该是用在对股价运行的把握上。也就是说，真正的操盘手应该有能力使自己在交易时段内始终处于随时都要进行买卖决策的最佳状态。这种决策不单单包括真正想成交的买单或者卖单，还应该包括大量的也许只是用于试探市场的买单或者卖单，甚至会有这样的决策："不进行任何操作"。

考虑了半天最后却什么也不做，这种"不做"的事情操盘手经常做。

如果一个项目运作一年，那么操盘手极有可能在这一年中的任何一个交易时段内连续的做出是否挂单或者不动的决策。

我的解释令老友感叹，并再三劝我，如此高紧张度的工作非常人所能胜任，既然已经成功地做了那么多年，理应感到自豪。但万不可连续征战，以免透支生命。

前面只是说到了做项目的情况，实际上职业操盘手并不局限于这类所谓做市场"主力"的操盘手一类。从广义的角度去理解，绝大部分投资朋友特别是散户投资朋友都属于操盘手一类，因为在整个投资过程中他们都是完全依靠自己在一步一步做下来的。

比如我们由于某种原因选中了一个股票，然后进行分析，最后在某个价位买入。不管这次的投资是成功还是失败，但不可否认已经体现出了一个操盘手的全部功能。

但是我仍然要把另外一些投资朋友排除在操盘手行列之外。

比如买卖股票完全听从他人的建议，比如以赌博的心态参与投资等等。

二、技术指标的可操纵性

在看盘的过程中，技术指标作为技术分析的一种重要手段也是必不可少的一种工具，但技术指标并不能保证我们成功。道理很简单，如果靠技术指标能够获利，那么股票市场就成了提款机了。

关于技术分析的具体内容，我在《追求完美》一书中有详细的介绍，并且结合了自己长期运用的经验，投资朋友如有兴趣可直接参阅该书。

本节要探讨的重点是技术指标的可操纵性。所谓可操纵性就是技术指标的结果完全是可以被人为制造出来的，

特别注意：技术指标仅仅提供了股价运行的现状，所以它不可能告诉我们股价的趋势。这两者应该没有必然的联系，因为我们目前还找不到任何理论来证明这一点。

如果投资朋友仔细研究过每一个技术指标公式的话一定会发现，技术指标分析的都是一段时间内（一般技术指标的参数就是这个时间段)股价的一些变化，既然只是一段时间内的变化，那么就是一个相对的变

化，请注意这只是相对的变化，也正是因为它的相对性，作为握有大量筹码的主力来说就比较容易操纵了。

下面介绍操纵技术指标的一般方法。

具体在运作中首先要打出三招。

第一招是在指标即将见顶前尽量将股价打高。

这种打高并不完全是凭资金实力，而是在某一次向上突破以后借助于市场抛盘尚未挂出来的时候瞬间打出高点，当然也可以通过对倒的方式。比如当股价冲破 5 元这个整数关后上面的压盘一下子还不会出来很多，主力可以顺势将上档的压盘打掉，直到大的抛盘出现为止，这样就会出现一个并没有很大成交量的最高价。

指标在计算调整幅度时是从最高价算起的，所以即使在后来的股价调整中回落幅度不大，但很高的最高价也可以让技术指标快速回落。

第二招是在第一天回落时加大出货的力度，打出较低的低点并形成宽幅震荡的态势。

由于和上一个交易日的收盘价相比跌幅较大，市场一下子还难以接受，因此在低点附近抛盘就会很少，反而会有不少抢反弹的接盘进来，这样操盘手可以出掉不少筹码。

第三招是在隔天奋力上推。

由于前一天跌幅较大，一般来说除非第二天大盘大跌，否则市场会有一批买单进场。

经过这样一个来回的折腾以后市场上会平静下来。这时主力如果不再对倒的话成交量会迅速回落，股价进入调整状态，技术指标也相应地进入回落状态。

市场都知道，强势股的技术指标调整一般到中位区即可，因此调整时间一般在一周左右。由于出了前面的三招，操盘手完全可以利用技术指标的相对性做到股价的强势调整。

被市场看中的技术指标实际上没有几个，只要操盘手精通这几个技术指标的计算公式，那么要在股价跌幅不是很大的情况下让技术指标快速调整到位是完全可行的。

技术指标是一些通过数学公式计算出来的结果，用到的样本数据主要是开盘价、最高价、最低价、收盘价、成交量等市场交易数据，因此只要控制了这几个数据就等于控制了技术指标。

现在我们来看看具体操纵 RSI 指标（也就是相对强弱指标）的方法。

首先来分析 RSI 指标的基本含义。

在某一段时间内（比如五天），考察每天的收盘价，如果上涨就计算涨幅，如果下跌就计算跌幅，这里的跌幅也用正数计算。最后计算一个分数值，其中分子是涨幅之和而分母是涨幅和跌幅之和，然后再乘以 100。

这样计算出来的结果一定在 0~100 之间。

具体公式如下：

RSI（t）=t 天内涨幅之和/(t 天内涨幅之和+t 天内跌幅之和)。$t \in N$，单位：天。

举例如下：

日期	收盘价/元	当天涨幅/元	涨幅之和/元	当天跌幅/元	跌幅之和/元
第一天	5.00				
第二天	5.20	0.20	0.20		
第三天	5.10		0.20	0.10	0.10
第四天	5.50	0.40	0.60		0.10
第五天	5.80	0.30	0.90		0.10
第六天	5.60		0.90	0.20	0.30

因此第六天的 RSI(5)=0.90/(0.90+0.30) ×100=75

从 RSI 的公式可知这一指标仅仅涉及收盘价，因此只要操纵收盘价就可以达到目的。

作为一种极端的情况，只要连续五天的收盘价都下跌或者上涨，那么 RSI 的指标值将等于零或者 100。

假设某股收盘价连续五天上涨，共涨了 5 元，RSI 指标就是 100，因为跌幅之和为零。现在主力希望它的 RSI 指标进行调整，接下来的五天每天跌 0.01 元，那么第五天的 RSI 指标一定是零，因为升幅之和为零。理论上该指标调整到位，股价应该看涨。而实际上股价总共只有回落 0.05 元，占 5 元升幅的 1%，可以说几乎没有进行过调整，但 RSI 却已经告诉我们调整到位了。

现在我们知道，这就是主力操纵收盘价的结果。

在本例中把上涨 5 元改为下跌 5 元，接下来五天每天跌 0.01 元改为涨 0.01 元，我们就得到了上面的一个反例。

实际上只要了解技术指标的计算公式，主力绝对可以做到让技术指标听话。

这里我只对 RSI 指标进行了分析，其实其他的技术指标操纵道理是一样的，关键只要我们把技术指标的计算公式搞懂就行了。

比如 BIAS（乖离率）指标，仅涉及平均线与收盘价，而平均线也是收盘价决定的。

比如 MTM（动量）指标，仅涉及的是收盘价。

比如 KD（随机）指标，涉及到的是最高价、最低价和收盘价。

比如 MACD（平滑异同平均线）指标，仅涉及收盘价。

等等。

显然，这些指标的操纵并不是非常难。

也有一些技术指标是涉及到成交量的，这就更容易了，主力只要进行对倒就能够达到目的。但我们也要注意一点，那就是放量容易缩量难。主力很容易做到放量但要做到缩量是相当难的，所以如果成交量大幅度萎缩反而是市场的自然表现。

技术指标尽管可以被操纵，但它在行情分析中还是有一些作用的，只是它的作用并不是告诉我们买卖时机。

技术指标只是告诉我们一些市场交易的统计结果。

让我们记住这句话。

三、主力特征

当我们在求证一个命题时往往关心的是这个命题的结论，而对于支撑命题成立的条件却过于疏忽。我在大学就读时经常会遇到证明定理的论证题，一般的要求是把题目证明出来即可。但导师对我们的要求不仅仅是完成定理的证明，而是要在更深层次上理解定理的内涵。所以导师往往会对命题中的条件进行修改，从而给出相应的全新的命题让我们进行论证，或者干脆将命题中的条件删除一条，看看会得出一些什么其他的结论。

大学毕业已经多年，当年证明题的演绎早已不再记得，但这种思考问题的方法却已经深深地扎根在我的脑海之中。

当我们在证券市场进行投资时这种思考方式特别有用。

本书的重点是详细分析看盘过程中的一些细节，因为这些细节将会影响到我们的投资决策。由于很多时候股价的运行都受到盘中主力的影响和干扰，所以我们在讨论这些细节的同时不得不常常提到主力，甚至有时候还不得不从主力的角度进行分析。

在这一系列的分析中，有一些主力的特征将被反复提到，我也是将它作为无条件成立的结论来运用的，因此在正式开始分析看盘细节之前还是很有必要把这些我认定的主力的特征交代一下。

就像当年证明命题一样，我们必须先确认该命题成立的条件。在这里，“条件”就是以下要讨论的“特征”。

特征 A：在多家营业部开设多个交易账号，而且这些账号的户名都不一样。

这一特征使得主力可以通过大量的账号把自己隐藏起来而不会出现在上市公司的公开报告中，也就不会轻易被市场所发现。尽管这种做法是违规的，但总能通过合法的变通途径做到这一点。

对于一些企业或者私募型的大资金，这一特征是非常明显的。

特征 B：进行一些虚拟的买卖申报。

虚拟申报就是在盘中挂出虚假的买进或者卖出单子，挂出去的目的只是想让市场看的，以制造买卖盘踊跃的假象。

这种手法现在每一个主力在操作时都会用到，我们经常在盘中看见的很多单子其实并不一定是市场上真正想成交的单子。

特征 C： 具备大笔对敲交易的能力。

所谓对敲交易就是自买自卖，俗称对倒，正式说法为"不转移股票所有权的买卖交易"，目前是作为操纵股价罪的一大证据。

这样做的目的是为了增加成交量，制造市场交投活跃的虚假氛围，从而吸引市场上其他投资者大量买进或者卖出。尽管属于违法但对于分散的营业部和账号，还是有很多办法可以做到合法操作。

以上三个特征作是从主力的操作能力上来说的。

另外，作为一线操作的交易员或者有权制定操作策略的决策人员，一定具备以下一些基本知识。

基本知识 A： 熟悉股价运行的基本形态。

主力在运作项目的过程中必须得到市场的配合，否则必定失败无疑。所以主力要通过 K 线图来蒙骗市场。这样主力就必须具备经典的股价形态理论，尤其是一些被市场公认的形态。

比如在建仓期希望市场抛盘出来，那么会在 K 线图上运做出一些破位形态，在当天分时交易图上挂出大量单子压制股价以期制造恐慌，配合大盘下跌砸出跳水态势等等。如果进入拉升阶段则又会做出双底、头肩底、箱形突破等等上升形态。

我将在本书后面推出的全新图形分析方法，与经典的图形理论没有任何关系。

基本知识 B：掌握量价关系。

由于经典的图形分析都必须结合成交量一起进行分析，所以在考虑做出一定形态的同时还必须配以适当的成交量。

这里有一点我们必须记住，那就是主力只有增加成交量的能力而没有减少成交量的能力。

基本知识 C：了解市场的习惯性思维。

主力也是在做股票，所以一些市场上的习惯性思维一定具备。比如"上面有大压盘股价会跌"、"下面有大接盘股价要涨"、"有量才有行情"等等。当然主力掌握这些习惯性思维的目的是为了达到他们成功运作项目的目的。

以上我对主力的一些特征进行了分析和归类，以后这些特征将在书中被反复用到。

我所关心的就是利用主力的这些特征去观察盘中的细节，从而为投资决策提供依据。

经过这四个章节的准备，我们可以开始具体地来讨论看盘的细节了。

四、K 线图的对话作用

在《追求完美》一书中，我提出了这样一个观点："K 线图是主力与市场对话的唯一方式"。

主力的基本特征之一就是有能力掌握公司的基本面情况，能够预知公司未来的利多变化，一般能在市场尚未知觉时大量介入并锁定筹码，然后借公司基本面的逐步演变而主动上推股价，最终达到获利的目的。

由于这类由主力介入的股票其股价的上升幅度一般要远大于市场，因此这类股票都会成为市场上被追逐的热门股，特别受到短线投资朋友的关注。

这里我们先来分析普通投资者的投资方法。

我们知道，投资就是买好股票，而好股票的标准就是会涨或者说会大涨的股票。什么样的股票才会涨？答案其实就是一个：业绩得到提升。业绩如何才能得到提升？原因有多种。比如获得了好的资产，比如提高了产品的市场占有率，比如行业回暖，比如某种产品打开了销路，比如享受到了优惠政策，比如大股东的更换等等。但有一点是可以肯定的，那就是一定会有部分资金的持有者提前知道了上市公司的这些变化，所以当市场都知道结果的时候股价通常已经做出了反应。

显然，在发现好公司这一方面我们普通投资者是无法抢得先机的，而这部分提前知道内幕的资金持有者一般都有主力参与。主力拥有大量的资金，因此绝不会打无准备之仗，在配备了雄厚的研究力量之后主力基本上可以保证做到这一点。实际结果就是只要是被主力看中的公司其基本面上一定会有一定程度的保证。

由此可知，只要我们紧跟主力的步伐，赢利要大的多。但关键是我们并不认识形形色色的主力，我们与主力也没有更多的交情，那么我们如何紧跟主力？

主力在高楼大厦里搞研究，主力远赴新疆内蒙搞调研，这些我们肯定无法知道。但不管怎么样，主力最后必定要到市场上进行运作，必定会在交易中留下痕迹，必定会在 K 线图上有所反映，所以我们可以：

通过 K 线图来揣摩主力的意图。

在这里我把 K 线图的定义范围扩大一些。

原来 K 线图反映的最小时间单位是日，现在我们可以把单位时间缩小到每分钟，但我的意图是关注基本数据的来源。

这些数据的产生也许是市场自然交易的结果，但也有可能是主力运作的结果，所以我们观察 K 线图的范畴并不一定是最后的图而是图的整个形成过程，特别是其中一些关键数据的产生过程。

在我们满世界寻找主力的时候其实主力也可能希望市场能够一起关注他们所运作的项目。现在通过广播电视杂志等媒体进行宣传的方式早已被市场所淘汰，所以主力就只剩下最后一招，那就是把股价的形态做好，通过营造各种氛围的 K 线组合来达到唤醒市场的目的。所以说：

K 线图已经成为主力与市场的唯一通话方式。

实际上由于主力的整个运作过程都已经毫无保留地显示在 K 线图上，因此通过 K 线图不但可以知道一些主力想告诉市场的信息，我们甚至还可以看出一些主力并不愿意告诉市场的秘密。

但是要真正发现主力的建仓动作是比较困难的，因为我们无法知道主力运作的是一千多家股票中的哪一家。不过一旦进入拉升阶段，主力必然会十分热切地希望市场上有大量的买单跟进。如果我们在这个时候听懂了主力的话，那么尽管股价可能已经离开底部，但及时跟进依然会有可观的收益。

主力在拉升阶段希望市场跟进的真正意图并不是

让跟风盘赚大钱，而是提高市场筹码的换手率，从而达到提高市场持有筹码成本的目的。

当然，当我们通过K线图与主力进行对话的同时千万不要忘记了，主力有可能说的是假话，因此我们另外一个更重要的任务就是判断主力是真情还是假意。

显然，我们必须重视K线图，而且要从源头开始重视。

K线图的源头在哪里？就是最基本的交易信息，也就是每天交易时从证券交易所实时传出来的上下各五个买卖盘。这是K线图的基础，是K线图形成的最基本的数据。

本书的重点在于分析和掌握实时交易的一些细节，但并不完全排除日K线图细节的分析，下面举两个案例来大致说明如何与主力进行对话以及如何判断主力的真情假意。

图4–1是一个短线投机的案例。

思达高科（000676）高空跳水，股价从18元轰然栽到4元以下。

只要是市场上的一个老手都知道，这是大主力的资金链出了根本性的问题，或者干脆就是说资金链断裂了，导致大量被抵押的筹码或者老鼠仓纷纷夺路而

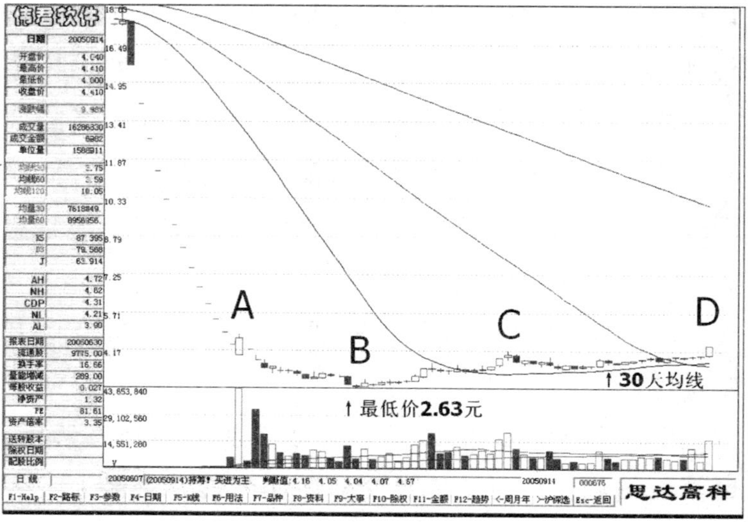

图 4-1

逃。当股价在相对的底部运行一段时间以后，股价出现了突破的迹象。

现在我们分析，主力要告诉我们什么？

由于本书内容所限，对于“资金链断裂”或者“老鼠仓”一类的市场现象不做介绍，相信阅读本书的投资朋友已经能够了解这些现象。

从A点开始，股价跌停板被打开，成交量暴增，但随后股价一直下跌到最低价B点2.63元，然后回升到阶段性高点C点，接近A点的位置。接着股价在30天均线的衬托下缓缓上移，来到D点，这天是一根放量的长阳线。这个形态告诉我们什么？

毫无疑问,股价已经向上突破!

既然是向上突破，我们应该及时跟进。但这种股票的风险是否太大呢？让我们分析一下。

从 A 点下来的巨量很有可能是市场抢反弹的散单，从 B 点到 C 点的成交量也不小，可以消化掉前面的抢反弹的筹码，但交易是双向的，从 B 点到 C 点的过程中一定也有相当的买入盘。由于已经远离 A 点，急跌后抢反弹的单子已经很少，因此这些买单也许并非全部来之市场的散单。接着我们发现，从 C 点到 D 点股价没有跌破 30 天均线，调整的位置远高于 B 点 2.63 元，因此我们不得不产生一个疑问：前面那些从 B 点到 C 点买进的获利盘为什么不了结？从成交量来看，C 点到 D 点的成交量属于明显的缩量形态。这告诉我们，前面买进的筹码被锁住了。对于这种资金链断裂的股票我们很难想像市场上会有那么多的散单去主动锁仓，因此结论只有一个，那就是有主力进入并锁住了部分筹码。由于前面被锁住的筹码比较多，所以即使当前的阳线有诱多的可能但至少股价还会有一段上涨期。

结论很明确：立即买进。

图 4-2 是接下来的走势，果然是一次很好的短线机会，股价最高上涨到 7.47 元。

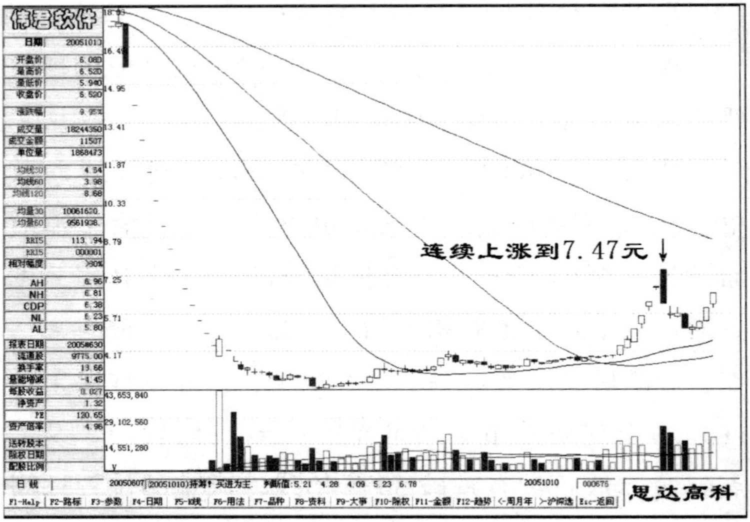

图 4–2

现在我们相信：该股在大幅度暴跌以后有短线新主力介入。

下面再分析一个案例。

图 4–3 是健特生物(000416)的走势图。

该股也经历了一段暴跌的过程，股价从 7.30 元一直跌落到 4 元，随后在 4 元一带整理，这之间一直没有成交量，所以这种走势不属于资金链断裂走势。

接下来的走势比较奇怪，在 A 点我们看到似乎有一个上冲的迹象，同时两天的成交量急剧放大。可是两天后却向下破位，股价连拉三根大阴线，最低达到 3.34 元，注意这里有巨量放出。随后股价又开始

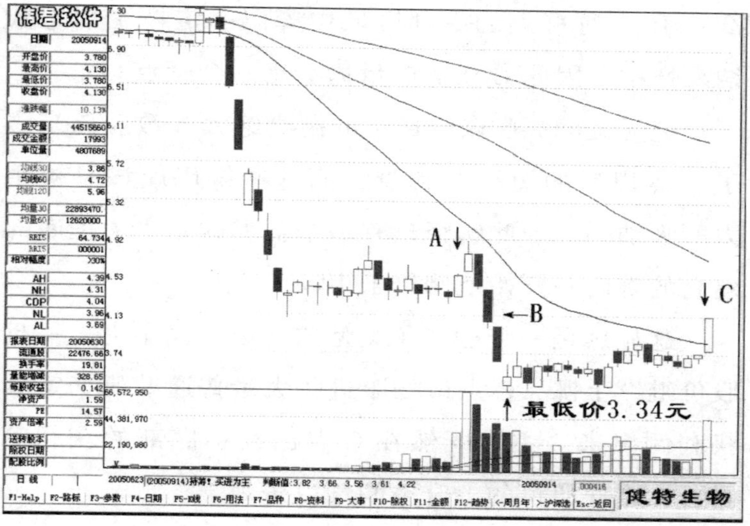

图 4–3

整理，直到在 C 点拉出放量大阳线。

问题来了，这种似乎像突破的形态，跟进还是放弃？

先分析一下 K 线图告诉我们什么。

从 A 点向下破位，同时有大量伴随，告诉我们有资金在承接，接着在底部继续有资金吸纳，成交量明显比 A 点前面要大，现在似乎开始要放量向上涨了，这一点会让很多投资朋友相信。

现在要判断主力告诉我们的这些话是真话还是假话。

假如确实像主力所告诉我们的有资金在建仓，那么从 B 点到 C 点的底部区域中筹码一定被主力悉数纳入怀中，因此 C 点的巨量抛盘是一个疑点。

毫无疑问，C 点巨量中的抛盘绝大多数应该来之于 B 点以后的短线获利盘，而这些筹码应该是被主力所吸纳的，因此解释只有一个：那就是主力把底部建仓的筹码一开始就倒给了市场。

这显然是一个过江龙类型的超级短线主力，一旦股价继续上涨，C 点市场跟进的大量普通筹码一定会获利倒出来。主力既然在 C 点已经扔底部的获利筹码了，这样股价的上升空间难以乐观。

看来我们没有必要陪着一起玩。

一般来说，股价向下破位绝对不会放出巨量，所以 B 点的三天巨量是不正常的，更何况在此之前的 A 点还有一次向上假突破的放量。其实这种情况只有两种可能，一是主力想减掉一些仓位，腾出部分资金用于维护股价。二是主力暂时找到了另外愿意锁仓的资金，但接盘的资金只愿意在更低的价位接，所以将股价往下压，顺势在下跌的过程中完成换仓的工作。

如果是第一种情况，尽管成交量做的很大，但主力减掉的仓位一定非常有限，因此最后是否还能回到原先 4 元上方的平台不好说。当然不管最终结果如何，主力总会试一试，所以还是在 C 点拉出了大阳线，辅以自己的对倒盘。

如果是第二种情况，那么只要以后股价不跌破新的锁仓筹码成本就可以了。但为了对锁仓者有一个交代，主力总会试图进行一番拉升。拉升成功当然好，不成功的话锁仓资金也无话可说。

分析的结果很清楚，不管哪一种情况，股价上涨的空间都不会很大，C 点的大阳线有明显的诱多意图。

图 4–4 是该股接下来的走势。

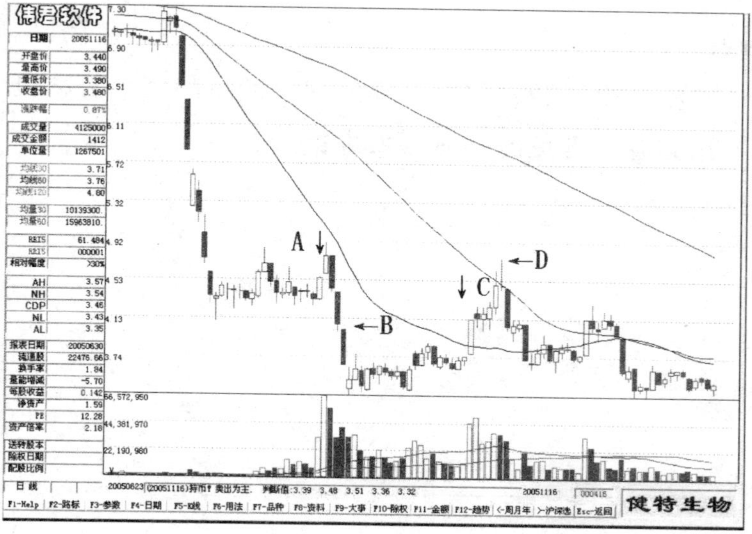

图 4–4

当股价回升到前面的平台区域以后就开始疲软，经过两波下跌回到原先的底部。

根据后面的走势印证，前面提到的第一种可能性更大一些，即主力自己主动在 B 点往下砸，希望能够让市场接掉一些筹码，但事实上并不成功，最后是赔了夫人又折兵，非但没有减掉仓位，股价还下了一个大台阶。

本节所进行的 K 线图分析只是一个非常粗糙的研判，并没有涉及大量的细节研判，只是提供一种大概的思路。如果辅以细节的分析，结论将会更加明确。

不知投资朋友是否已经发现：这里的图形分析没有用到各种常见的经典形态理论。

五、开盘价的意义

看盘第一个碰到的问题自然就是开盘价了，这是全天交易的起点，它将在日K线图上作为历史性的数据而被永远的记录下来。

熟悉技术分析指标的投资朋友都知道，绝大多数的技术指标其计算时所用的原始数据都来之于每天的交易数据，其中包括开盘价、最高价、最低价、收盘价和成交量。而在这其中的四个成交价位中，地位最低的是开盘价。

既然交易所提供了开盘价，那么不妨也揣摩揣摩，有时侯开盘价会告诉我们一些东西。

如果是正常的开盘价，除非投资朋友本身与该股票有一定的关系，比如已经持有一些筹码等等，否则的话的确是没有什么研判的价值。

这里我所要讨论的是非正常的开盘价。

至于开盘价正常与否的假设，和以下状态有关：

A：平价大量开盘价。

B：跳得很高甚至涨停的开盘价，或者是跳得很低甚至跌停的开盘价。

C：上档全是大抛盘而下档全是小接盘的开盘价，或者是上档全是小抛盘而下档全是大接盘的开盘价。

这三种状态的共同特点是较大的成交量（状态 B 毫无疑义也是大量，否则的话是不可能出现这种结果的)。这里所指的大量只是针对每一个个股平常的成交量而言。比如日成交在 100 万股左右的股票其集合竞价成交量突然放大到 10 万股以上就是大量开盘。

大量绝对是属于非正常的交易状态，它一定能够告诉我们一些表面上看不出的信息。

在进行具体的分析时我们必须牢记一点：坚决排除自己主观意愿的干扰，绝对不要因为自己有了这只股票而对它看多，也不要因为自己想买这只股票而对它看空。

在技术手法上我们也千万不要忘了前一个交易日的走势，特别是前一个收盘价的盘面反馈（有关收盘价的讨论放在本书的稍后)，因为交易其实是连续的。

下面就上面提到的三种状态分别进行研判。

状态 A：平价大量开盘。

这里可以派生三种可能性。

可能性①：两个普通投资者的一次大单交易，双方说好了在昨天的收盘价附近一次性成交。

这种交易的方式主要是省事而且简单，但出现的概率比较小，而且与主力没有任何关系。

可能性②：主力将另外一个投资者手中的大单子接下来。

这另外一个投资者一定与主力相识，很有可能是主力利益集团中的一员，由于种种原因需要将筹码兑现。

这种兑现与主力近期是否拉升股价没有必然的联系。

可能性③：主力自己对倒开盘。

任何主力都知道除了建仓期以外都必须吸引市场的眼球，而成交量是最好的诱饵，所以大量开盘经常被主力应用。而这也是我们最感兴趣的，因为主力可能会动，但还要确定它是往上动还是往下动。

以上三种可能性中的①和②不是我们所感兴趣的，但问题是我们如何剔除这两种可能性。

判断的关键在于开盘后的连续交易。如果开盘后交易恢复正常，也就是说完全是市场的自然交易，那么可以肯定是属于①和②。一旦开盘后出现非正常交易，那么就应该是可能性③出现了。

举个例子，如果开盘后盘中几次出现相对大手笔的交易而且并不影响股价的正常运行，那么主力做量的可能性较大。接下来主力会告诉我们一个日 K 线图上放量上冲的故事，甚至在当天就有可能向上拉出大阳线。

当然主力在做量以后也常常会做向下的突破行情，因此单从大量开盘这一个细节上是无法确定主力往上做还是往下做。

状态 B： 跳得很高甚至涨停的开盘价，或者是跳得很低甚至跌停的开盘价。

可能性①：主力与另外一个投资者进行交易。

可能性②：主力自己对倒做盘。

先看可能性①。

有哪一类投资者会在集合竞价时出很高的甚至涨停的价格买进或者出很低的甚至跌停的价格卖出呢？这种非正常的交易只可能出现在主力的身上。那么同时进行的反向交易者是谁呢？

参与大量交易的另外一方一定是和主力有默契的，这其实是另外一层意义下的内幕交易。比如一些个人的筹码需要套现，或者需要拿一些低价筹码，主力便安排在市场无法看到的集合竞价状态下进行，完成某种意义下的利益输送。

如果在开盘以后要在如此价位完成利益输送主力将会付出惨重的代价，因为市场上的单子随时会挂进来，使得利益接受人的单子根本无法成交。这种情况的出现是非常普遍的，每当主力接受一个新的合作伙伴时往往都会出现这样的利益接受人，这时就会出现非正常的巨量低开盘，而在股价上涨以后则又会因为一些利益接受人的要求退出而出现巨量高开盘。

如果接下来的交易股价波动不大而且成交量正常，那么可以确认集合竞价的大量只是一次利益输送的交易。但这一细节的确认对该股的未来走势有很大帮助。如果是高开盘，股价上涨的空间很有限，至少短期来说下跌的可能性更大。如果低开盘，股价将会上涨。此中含义应该不言自明。

可能性②还可以分成两种假设。

第一种假设是高开盘，那么主力一定是在吸引买盘。

既然吸引买盘，那么主力就肯定不在建仓期，主力已经不需要更多的筹码，所以是否跟进取决于我们对该股的连续跟踪观察和判断。如果近期一直有主力在建仓，那么就此展开拉升行情的可能性相当大，追高恐怕是唯一的选择。如果股价已经从高位回落后重新回升，那么仅从大量跳高开盘这一点上来说后面的走势涨跌都有可能，而且跌的可能性更大。如果是长期无量空跌的股票突然出现这种开盘，那么后期下跌的可能性也相当大。

特别要注意的是如果开盘时下档的接盘仍然挂在前一个交易日的收盘价左右，那么几乎可以肯定接下来股价就会下跌。

第二种假设是低开盘，那么主力同样是在吸引市场注意力。

由于愿意跳低卖出的投资者在一天之内并不会很多，因此主力的用意还是在买盘，希望买单跟进。如果开盘后股价很快回到前一个交易日的收盘价附近，那么这种结论就成立，接下来主力拉升的可能性比较大。如果开盘以后一路下跌，那么很有可能会出现向下破位的走势，甚至都有资金链断裂的可能。

状态C：上档全是大抛盘而下档全是小接盘的开盘价，或者是上档全是小抛盘而下档全是大接盘的开盘价。

这种情况并不是说开盘价如何，也许集合竞价的成交量很正常，但盘中挂出来的大单不正常。

这种情况在盘中交易时出现的可能性也很大，而一开盘就出现的可能性相对小一些。

如果是大压盘小接盘，一般出现在建仓期，而且主力的实力有限，也没有长远的考虑，做短线主力的可能性很大。

如果是大接盘小压盘，那么护盘的可能性较大。可仔细观察随后的接抛盘演变，如果下面几个价位上接盘变来变去但总的接盘量变化不大，那一定是主力在市场接盘进来以后又撤出部分买单，让市场上挂出来的买单成交，这就绝对是主力的护盘行为了。但无论如何，只要出现这种情况至少表明该股目前有主力在关照。

这里我只是讨论一些看盘的细节，通过分析这些细节多了解一些主力的意图，这种细节的分析只是为我们的投资决策提供某一个方面的依据。我们必须牢记：

细节只是告诉我们一部分信息。

下面提供一个决策的案例。注意，下面的决策仅仅是用到了我们刚刚讨论过的细节但并不是完全是依靠这个细节。

图 5-1ST 天然(000683)2005 年 4 月 26 日的分时交易图。

当天开盘价是 1.91 元，离跌停价只差 0.01 元，集合竞价的成交量是 50 多万股，而三天前该股日成交量在 100 万股以下，显然，这是明显的大量开盘状态。

这一天公司推出了扭亏为盈的第一季度报表，同

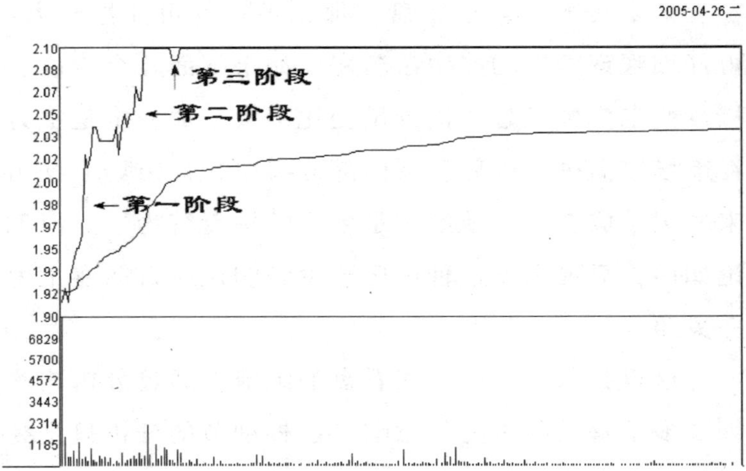

图 5-1

时预告中报盈利。显然，基本面好转的预期正在成为现实，然而当天股价开盘却大跌。

根据前面的分析，如此形式的开盘局面有利益输送和主力对倒两种可能性。

利益输送的结果是两种：暂时主力不动但以后会拉升，或者当天就让利益接受者获得账面上的收益。这两种结果都值得我们做好买入的准备。

主力对倒的话有拉升和出逃两种截然不同的可能。

经过分析我们知道，只有一种情况是不容许我们买入的，那就是股价将开始新一轮的破位下行。要知道，股票市场上主力借利好杀跌出逃的案例非常多。那么本案例是否有这种可能呢？

如果主力在目前的价位杀跌出货，拿回来的资金恐怕每股只有1元多一点，纵观整个市场很少看到从2元往下连续跳水出货的股票。所以我们很难相信主力为了这一点点钱而出逃。

也许是主力对倒，目的只是为了吸引市场的注意力而不会去主动拉升股价？道理上成立，但在如此利好消息的刺激下集合竞价一定会有不少的市场买单挂在下面，毕竟2元以下是该股历史上从未到达过的低价位，因此主力的对倒开盘会失去不少超低价筹码。

显然，利益输送的可能性更大一些。

既然排除了主力出逃的可能，上面分析的无论哪一种情况都显示我们可以做好买入的准备。但是为了安全，还要再看一看开盘后的走势。

现在还是让我们回到当时的交易实况。

第一阶段，开盘后一路上冲，15分钟后回到前收盘价之上，其中每一分钟的成交量基本上在万股以下，比较正常。显然，主力就此一路杀跌的可能性已经完全排除，进场买点已经出现。

第二阶段，接下来的15分钟股价继续上冲直到5%的涨停价。

第三阶段，再接下来的15分钟有一次数十万股的成交并打开涨停，两分钟以后被巨大买盘封死涨停直到收盘。

如果因为犹豫或者其他一些因素而错过了第一阶段的买入时点的话第二阶段依然可以追，甚至还有第三阶段。总之只要能够做到合理的分析，该股是有机会买进的。

现在我们知道，这次大量开盘绝对就是进行利益输送，因为我们已经排除了所有其他的可能性。

图5-2ST天然（000683）当时的日K线图，其中

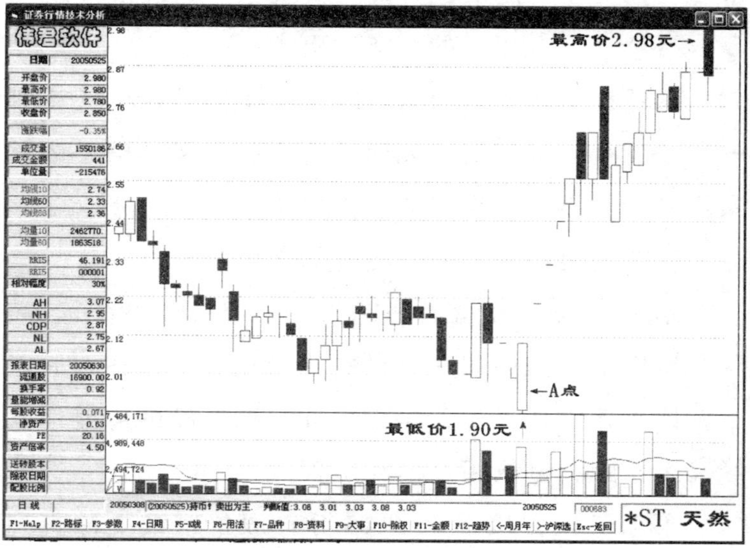

图5-2

的 A 点就是大量开盘的当天。

该股接下来是连续四天的无量涨停，然后一路上冲到 2.98 元的阶段性高点，最大升幅达到 57%。

六、开盘放量上冲的背后

开盘放量上冲，这里是指平开后放量上冲，往往半个小时甚至15分钟的成交量就超过平常一天的成交量。由于这是一种比较常见的现象，所以很有必要进行分析。

如果大盘正在热火朝天的上冲，这种情况是非常正常的，这里我们不讨论正常的现象。

如果大盘非常平静，甚至开盘后还在下跌，那么出现这种现象就显得格格不入了。

也许当天该公司公布了一个利好消息？如果确实是这样而且市场也认为是利好消息的话就应该高开，绝对没有平开再放量上冲的道理。

在排除了大盘的因素和个股本身的消息面因素以后，这种现象就属于非正常性交易了。大量涌进来的买盘只有两种可能，一种是有潜在的公司利好即将发布，另外一种就是有主力参与的买单。

在证券市场上永远会有少数人提前知道一些上市公司的内幕消息，但这些单子的量不会很大，对股价在排除了基本面有利好发布的可能性之后，我们就只有一个结论，主力在刻意的进行运作。

我在前面分析过主力的一些特征，其中有一条主力必备的基本常识就是“了解市场的习惯性思维”，而市场上最流行一种思维就是“放量要涨”。所以如果我们放弃其他任何思路，单单按照这一习惯性的思维模式，那么得到的信息就是该股要涨了。而这正是盘中主力通过交易形态要告诉我们的信息。

现在我们不会根据一些简单的习惯性思维来进行决策，因为我们还有一项工作要做，就是识别主力要告诉我们的信息是真的还是假的。

我们暂时将“放量要涨”的习惯性思维放一放，从另外一个思路来考虑这个问题。

既然已经知道了这种现象是有主力在刻意运作，那么我们就来分析一下主力到底要干什么。

把股价一路往上打，表面上看是有做一波行情的可能，但往上虚晃一枪后一路出货的现象也是经常发生的，因此单从这一个现象来看并没有明确的结论，主力往上做或者出货的可能性都存在。

尽管直接的结论很模糊，但是有一个细节是不容忽视的，那就是主力将“放量”的力度加大了很多倍。

根据交易的实际情况，除非在大盘大涨的牛市期间或者个股处于主力强力运作期间，否则一般的股票成交量都比较小，特别是在开盘以后的一段时间内交易更是清淡。

为了让股价上涨几个百分点而一路往上买进的话本身也会放量，也会给人“放量上涨”的感觉，但主力现在通过对倒将放量的力度尽量加大，目的很明显，就是希望买盘更快速的进入。

主力为什么这么希望市场买单跟进？

答案A：主力不愿意增加筹码。

这个细节的判断告诉我们一个确定的结论：主力并不在建仓期，也不属于建仓后拉升阶段的初期。

顺便说一句：如果是建完仓进入拉升时期，主力很少采用一开始就对倒的手法。由于前期的底部筹码已经被主力悉数纳入怀中，因此刚刚上涨时根本就没有获利盘，而且即使有抛盘主力也不太愿意让给市场，更希望自己继续收集。只有当股价远离主力的成本区，主力才希望市场买单真正介入，目的是为了提高市场的持筹成本，因此我们有了答案B。

答案B：主力的成本区不在这里。

也许我们会发现该股的股价目前还躺在地板上，怎么不是主力的成本区域呢？这是一种被主观意识左右的思维：因为主力有可能往上做，所以现在应该是主力的成本区。

如果一直是以这种思维方式来分析市场是非常危险的，因为我们还没有最后确定主力是否往上做呢。事实一再教育我们，主力失败的案例真是太多了。

主力的成本区认定是一项非常艰苦的工作，而且准确性也很难提高。所以说主力想拉升股价与主力的成本区不一定有直接关系。

既然主力的成本区不在这里，主力也不愿意增加筹码，那么仅仅凭借“放量上冲”这一走势我们只能得出这样的答案：主力有可能一路往上做，但确认这一点还需要其他的理由。也许有了答案，问题就已经解决了。但如果对同一个问题我们能够多问几个为什么，那么至少我们会进步的更快。

如果主力这样做只是虚晃一枪，并非真正往上做，那么我们是否可以问这样一个问题：主力的最终目的是什么？

根据市场的习惯性思维，如果股价上涨，那么原先准备抛出的筹码会等一等，特别是当股价长期下跌后几乎所有的筹码都是被套盘，因此一旦股价上涨就会吓退抛盘。减少了抛盘，股价就减轻了下跌的压力。

所以主力要把股价打高的目的是为了减轻抛盘的

压力，给抛盘增加一些持筹的信心，说到底是为了不让股价继续下跌。

但主力又害怕增加筹码，所以会选择在一开盘的时候进行运作，那时候市场都在观望，抛盘还不会立刻压出来，主力趁此机会将股价快速打高而又不用增加太多的筹码。

这样做的结果股价确实高了，但如果主力放弃运作则股价依然难免回落的窘境，所以如何让股价在主力放手以后仍然不回落，这才是更难的事。

本节我只是分析了开盘后放量上冲的一种情况，背景是个股近期走势平稳而且大盘也平稳。如果这些背景变了那么我们分析的细节也会发生变化，也会得出不同的结论。因此本节的讨论还是注重思考的思路以及思维的方式。如果掌握了合理的方法，那么不管背景如何变化，我们都能立于不败之地。

题外话：

要让股价走势强于大盘而不增加手中的筹码甚至降低原有筹码的成本是一个职业操盘手的最高境界。

我在长期的职业操盘手生涯中为此花费了大量的时间和精力，但本书并非是写如何作为主力进行运作的，所以无法对此展开更多的讨论。

七、收盘价的盘面反馈

在每天交易的过程中会产生一系列的成交价，其中具有重要特征的是四个价格，即开盘价、最高价、最低价和收盘价，而重中之重就是收盘价，我们都知道在计算绝大多数的技术指标时要用到这些数据，但有一点我们可能还不太清楚，那就是有很多技术指标的计算根本不用那么多的数据，只用收盘价。

可见收盘价在市场中的重要地位。

本节我们要讨论的并不完全是收盘价，而是在收市以后停留在行情图上的报价情况。所以我把它称为“收盘价的盘面反馈”。

图 7–1 是一幅很平常的行情图，图中的左边部分是当天交易结果图，上面是每隔一分钟的成交价连线图，中间是相应的成交量，下面是一个即时指标图，计时单位为一分钟。

右边部分的下面是交易所每隔一段时间（快的间隔不到 6 秒钟）传过来的成交数量和成交价格，中间是一些当天交易的统计结果，比如开盘(开盘价)、市盈(市盈率)等等，而右边的上面就是我们现在关心的

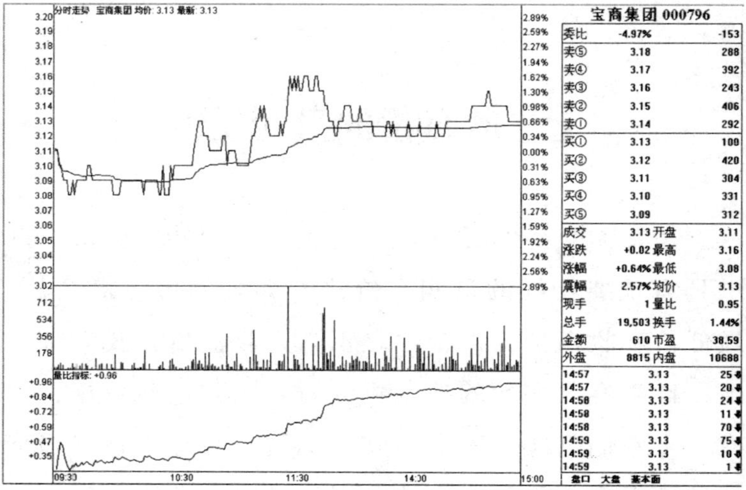

图 7-1

报价框，也可以称之为“收盘价的盘面反馈”。

图 7-1 右边上面的报价框显示，从第一到第五档的挂牌卖出价分别是卖①3.14 元、卖②3.15 元、卖③3.16 元、卖④3.17 元和卖⑤3.18 元，相应的挂牌卖出数量分别是 292 手、406 手、243 手、392 手和 288 手（盘中显示的是手数，1 手=100 股），而下面五个买进价位分别是 3.13 元、3.12 元、3.11 元、3.10 元和 3.09 元，相应的挂牌数量是 100 手、420 手、304 手、331 手和 312 手，底下的（成交 3.13）显示最后的成交价也就是收盘价是 3.13 元。

现在已经收市，交易已经停止，我们可以静下心来对交易所最后传过来的申报买卖状态进行客观的分析。

状态 A：上下平衡形态。

所谓上下平衡就是上下接抛盘相当，价位差异也不大。

比如图 7–1，收盘价为 3.13 元，每高或者低一到二分钱都有接盘和抛盘，挂出的卖出量和买进量也差不多，这是比较自然的交易状况，告诉我们至少在收盘时股价没有受到非市场性因素的干扰，通俗地说就是主力没有关照收盘价。

但收盘时的平衡状态并不表示股价在收市前没有受到干扰。

图 7–2 新疆众和(600888)的分时走势图。该图显示，尽管收市时收盘状态异常平静，上下价位也比较紧凑，买卖总量也差不多。但从全天的股价运行态势看明显受到主力的操控。上午主力的两次拉升使得股价的走势远远强于大盘，图中显示指数的走势跟不上股价的走势。

所以说收盘时的平静并不说明交易时段的平静。

状态 B：高空形态。

高空收盘形态的特点是上档的卖出价远离收盘价而买进价则贴近或等于收盘价。

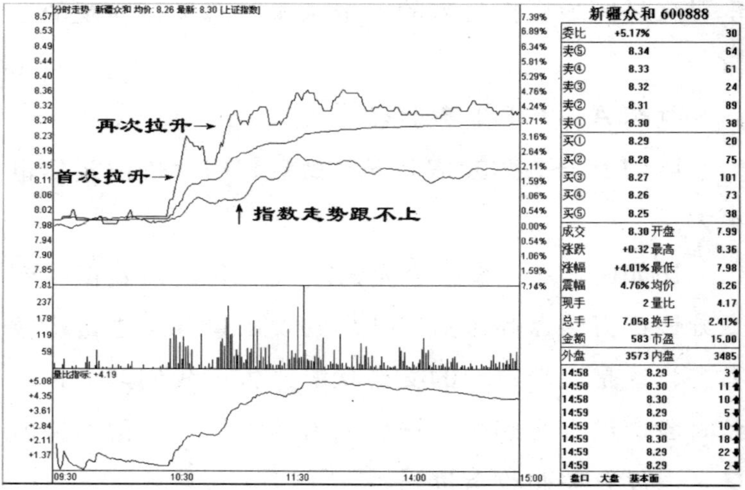

图 7–2

它引起我注意的一个细节就是上档卖盘的空虚。尽管上面仍然排满了五个价位的抛盘，但距离买入价过远，所以还是可以称之为空虚。

如果该股日成交稀少，那么高空形态的出现是正常的，盘中可能没有主力或者就算有主力也不愿意做收盘价。

如果尾市大盘快速下跌，那么高空形态的出现只有一点可能，一路见单杀出的抛盘将股价打下。除此以外这种形态属于明显的非正常形态，表明股价最后的交易受到了非市场性因素的干扰。如果该股成交清淡的话则可能是有资金在吸纳筹码，不断将上档抛盘打掉但并不在下面挂接单。如果成交量比较大，那么有可能是大单子在尾市偷袭出逃。

图 7–3 是一例。最后一笔单子将股价从 2.74 元打到 2.70 元。

对于 2 元多的股票来说，这 4 分钱的比例是不小的。当然，这里所说的大单出逃一般都是主力自己的单子，在收盘前的最后一秒钟让挂在下面的散单全部成交，目的是为了减轻当天的增仓压力。当然，成交的 4500 手中会有主力自己的接盘，所以真正卖出去的肯定没有 4500 手，甚至连一半都没有。

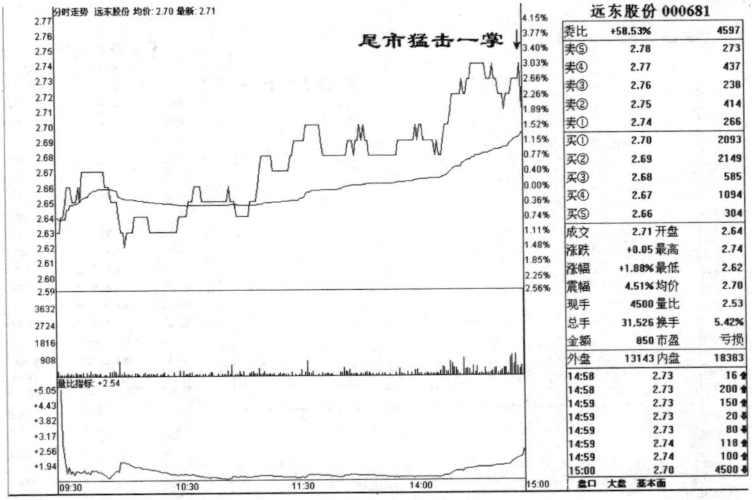

图 7–3

状态 C：低空形态。

低空形态正好与高空形态相反，它的特点是下档的买入价远离收盘价而卖出价则贴近或等于收盘价。

图 7–4 中上档最低卖出价是 5.20 元，但下档最高买入价只有 5.00 元，差距为 4%，这绝对不是正常的市场交易。

果然，在左面的分时走势图中我们看到了尾市两分钟主力的疯狂拉升。

如果某股日成交稀少，那么低空形态的出现是正常的，但无法判断是否有主力或即使有主力也不知道是否愿意护盘。

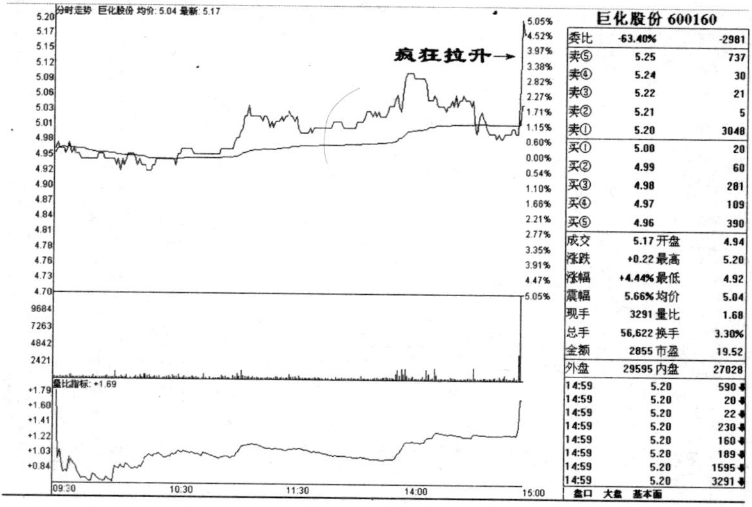

图 7–4

除此以外就都属于非正常状态了。

假设大盘尾市快速上涨，但市场一定会有散单挂在下面，下档不可能空虚。合理的解释是盘中有主力在运作收盘价。

这里谈一谈做收盘价。

主力可以有两种简单的方法运作收盘价。

方法 A：在最后一分钟或者两分钟将股价打高，比如图 7-4，条件是上档的压盘很小。

我们从图 7-4 的右边下面的框内看到了最后两笔成交数量分别为 3291 手和 1595 手，这绝对不是小单子，但多数情况是其中很大一部分仍然属于主力自己的对倒盘。注意有时候我们看到上面挂着的很多压盘或者突然有一些很大的成交量出现，这其实有可能都是主力自己的，真正市场上的单子有多少只有主力自己心里最清楚。

现在的收盘价并不是最后一笔的成交价，而是最后一分钟交易的平均成交价。所以主力可以在较高的位置挂上一笔较大的抛单，最后一笔一直打到这笔大单子，这样就能使收盘价停留在较高的位置。由于只是最后报进去的买单将卖单打掉，而下面并不会有新的更高买价的单子进场，所以收盘时下面就空虚了。

方法 B：借助于大盘尾市的稍稍好转而且个股上

档的压盘不大，主力可以在尾市的一段时间内尽可能地将上档的单子打掉直到收盘。

由于主力并不希望多增加筹码，所以绝不在下面挂大的买单，这样就造成下面空虚的形态。

但有时为了避免留下过于明显的股价操纵痕迹，主力还是会象征性地挂上一些接盘，但这些单子毕竟是象征性的，所以不会很大。比如图 7–5，主力拉升股价从 13.11 元起步，最后拉到 13.49 元报收，收盘后的盘面上从 13.30 元到 13.24 元似乎都有接盘，并没有明显的大空档，但是我们应该注意到在这些价位

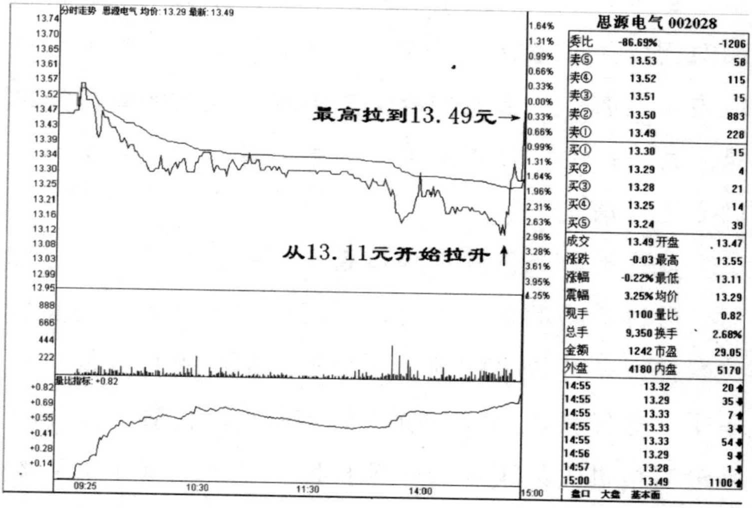

图 7–5

上的接盘小的可怜。

通过分析收盘前一段时间的行情演变可以确认其中的主力采用的哪一种方法。

无论是哪一种方法都说明盘中有主力而且主力不希望股价继续下跌，属于明显的护盘动作，因此我们可以得出结论：盘中的主力绝不是新的建仓主力。

以上分析了三种常见的状态，其实如果我们稍微将范围扩大一些，比如观察临近收盘的盘面也经常会发现一些奇怪的现象，仔细研究分析还是很有意思的。

举个案例。

某股跌停板的价格是 2.75 元，临近收盘时股价已经接近跌停板，但每一价位的抛盘量在万股以下，对日成交 100 多万股的交易量来说是很小的。但在离收盘还有三分钟的时候情况突然发生了巨大的变化，2.76 元上突然挂出了 7 万股的大卖单，而当时在 2.75 元上还有 2 万余股的接盘，这是什么意思？

这一分钱的差价成为这个问题的关键细节。

如果这 7 万股确实要卖出成交，那么应该以 2.75 元的价位卖出，至少已经保证一半成交。

如果采用分笔卖出的话先卖掉 2 万余股，接下来的三分钟绝对有把握能够全部卖掉。

这种大单子应该不会计较这1分钱，但卖方恰恰选择了挂出。

由于有大压单，所以后面的抛单就只能全部对准2.75元的跌停价砸。

显然，这笔大卖单的真正用意并不是要真正成交，是属于主力的虚拟单子之一，挂出来的目的是为了给市场看。

果然，最后跌停板的价格成为卖出价。显然主力希望用市场的跟风抛盘将股价最后钉死在跌停板上，给市场一个明天继续下跌的错觉，以便市场继续在更低的价位进行交易。

自己不出货却又希望股价跌得更低，逻辑上只有两种可能。一种是为了在更低的位置买进筹码，另一种是明明知道有其他大单子要出来而故意让它在较低的位置出。

不论哪一种可能性，该股后市都会有上涨的机会。

类似的现象我们经常会碰到，所以我们一定要学会细节的分析。

八、放量的理解

每当我们谈到一个股票时都会不约而同地涉及到量，特别是放大的成交量，就是简称为“放量”的量。

确实，证券市场的活力就在于交易，一个市场成功与否的重要标志之一就是市场的换手率。而在各种经典理论中，我们也经常看到“先有量后有价”等等诸如此类特别关注量的言论，相当多的技术指标都把成交量作为计算的基本数据之一。

理论与实际有时候的距离相当遥远，在放量这一点上体现的尤为明显。经验告诉我，没有成交量一样也能连续上涨，而所谓的“放量股价会涨”不过是一种市场的习惯性思维而已。

也许这是一个误区，当所有的人都认为成交量是推动股价上涨的主要因素时，真正的原因已经没有人去考虑了，但我注意到了。

真正吸引市场资金介入的首要因素是收盘价而不是成交量。

当我们觉得某个股票最近表现不错时，原因是什么？几乎所有的人都会回答：“股价涨得不错”，肯定不是“成交量放得很大”之类。

股价的上涨才是吸引市场眼球的关键。如果股价不涨，即使成交量再放大也不会有多少人去关注它，更不要说去买它了。所以每当我听到人们不断重复“发展才是硬道理”这句话时就想起“上涨才是硬道理”这句话。

对于职业操盘手来说，运作好股价，与市场进行对话的最好方式就是让股价上涨，只要能使股价上涨，任何手段都是可以考虑的。但请注意，这里所说的上涨并没有幅度上的具体要求，也就是说股价涨的多还是少这并不重要，关键是收盘价要涨。

我征战市场多年的经验也证实了这一点，运作股价的焦点就是收盘价而不是成交量，可以说收盘价的运作成功是整个项目运作成功的关键。

当然，股价是不可能一直无量上涨的，等到了一定的高度，由于股价连续上涨的效应，买盘开始陆续进场。而短线获利筹码也开始增多，回吐的压力越来越大，这样成交量自然就开始放大，这是市场自然交易的结果。但如果仅凭此时成交量放大再追进去则风险明显加大，以下的案例充分说明这一点。

图 8-1 是强生控股（600662)在 1998 年中的部分

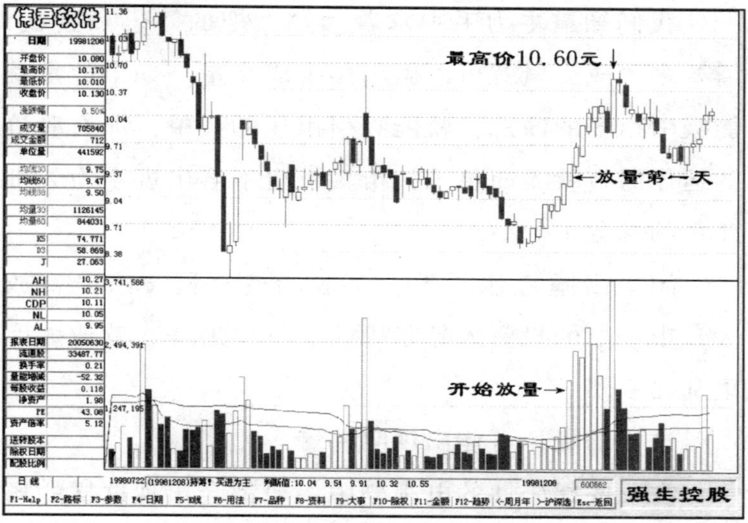

图 8–1

走势图。

我们分析其中一段连续 13 根阳线的走势。

请注意成交量。在前 7 根阳线的上涨过程中成交量始终维持在 100 万股以下，与前面的日成交量相同。

如果我们根据一些经典的量价理论一定要等到放量再考虑是否买进，那么起码是第九根甚至第十根阳线了。而此时的价格早已经从底部的 8.50 元以下回升到 9.40 元以上，股价升幅超过 10%，而这波行情股价的最高点不过是 10.60 元。

现在我们从盘中的主力这一方来考虑。

我们知道主力手中拿着大把大把的筹码和资金，需要多少成交量就可以做出多少成交量。如果放量就能吸引市场的注意，就能吸引市场的买单，那么股价的运作简直就太简单了，市场上也不会出现主力大批死亡的惨象了。

闭上眼睛想像一下：某股的成交量突然异常放大，市场上的投资人赶紧排队去下单追涨，营业大厅里乱作一团。

这样的场景可能出现吗？

在一些娱乐性的电视剧中一般都会出现这样的场景，显示出我们电视剧的超低级幽默。

现在沪深两市股票加起来超过 1200 家。投资人手拿资金，该关注这一家股票还是那一家股票，决不会因为你这只股票放量而放弃原来自己关注的对象。

当然，也不是说所有的投资者都不会去关注这家放量的股票，至少手中持有这只股票的投资人会关注，我把他们称为老股东。对于这些老股东来说，大部分已经不会再增加仓位，更多的只是在等待退场的机会，因此放量的结果是不可能吸引老股东下买单的。

主力辛辛苦苦做出来的成交量也不是一点作用也没有，它可以让一些原来准备退出的老股东重新考虑一下手中的筹码。如果主力配合放量的同时再让股价有所上涨，那么吓退部分卖单还是有可能的，但绝不要希望会增加很多新的买单。

图 8–2 是一个非常有趣的案例。

首先说明案例中的个股在那一段时间内基本面上没有任何变化。

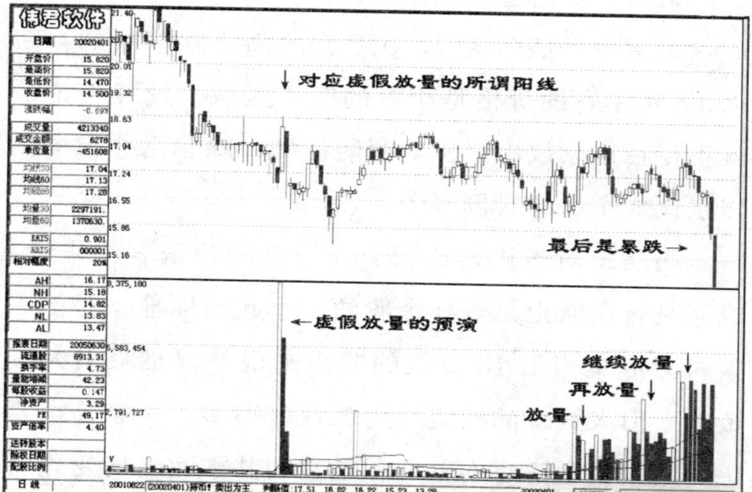

图 8–2

这个案例中有两次虚假的放量。前面一次只是持续了一天的阳线，第二天股价就被打回原地。第二次持续的时间相当长，有两个月之久，股价则在 16.50 元到 17.80 元之间波动，成交量经历了“放量”、

"再放量"和"继续放量"三个阶段，而且量是越放越大。在第一次虚假放量前其日成交量不过几万股，虚假放量以后的日成交量也是以 20 万股以下为主，但到了后期的疯狂放量阶段每天的成交量居然超过 500 万股！

要知道该股当时的流通盘还不到 7000 万股。

果然，最后迎来的是暴跌。

案例中的股价是从 30 多元的高价跌下来的，所以 17 元左右的价格是相对的低价区域，这样理论上就不存在连续放出巨量的可能性的，除非是非市场性因素比如主力的对倒等等。

当然，对于机构或拥有大资金的投资客户来说，成交是否活跃也是选择个股的一个起码标准。对于一家每天成交不足 10 万股的股票来说是很难吸引大资金的。但大资金的投资行为要理智得多，一家公司要想引起大资金注意的首要点是它的基本面出现变化而根本就不是成交量的暴涨。

尽管主力因为也是大资金的缘故会在交易手续费上得到一些减免，但印花税是一分钱也免不了的，所以堆量以后的直接后果就是提高持仓成本。

如果个股确实在基本面上将要发生一些变化，但成交量过小限制了机构买入的冲动，那么可以增加一些其他办法来诱惑机构。

比如在盘中经常挂一些大手笔的接抛盘单子而不是瞬间的大额对敲成交单，这样会给人一种似乎大资金进出也许不会太难的感觉，好像既能买得到筹码又能抛得掉筹码。

这一招还有一个很大的优点就是不会违规或者违法。

九、底部放量分析

前一节分析了放量这个非常基本的细节，现在我们把注意力集中到一种特殊的放量形态，即“底部放量形态”。

底部永远是投资者最关注的，因为从底部开始股价将上涨，我们可以从中获取利润。而市场的习惯性思维逻辑告诉我们“放量会涨”，这样每当股价在一定的低位出现放量时就会引起一些市场的眼球，这部分眼球包括老股东即原来就持有筹码的投资者、每天在寻找机会的短线投资者、原先已经卖出的投资者和被老股东热心推荐的其他投资者。

既然“底部放量”如此重要，那么现在不妨来分析一下底部放量以后股价的态势。

从逻辑的角度讲底部放量以后股价的态势只有三种走势：上涨、下跌和盘整。

有一个基础是必须知道的，就是说既然股价是“底部放量”，那么形态上股价应该是从高处回落。所以至少从中期来说现有的筹码都是被套的，除了部分长线筹码以外没有获利筹码，这是分析的一个前提。

我们在每次分析前都应该将一些前提罗列出来。

除非是股价达到相当高的位置，一般来说在进行行情分析时是不考虑普通投资者持有的长线筹码。

作为一个大的分析前提，我们可以认定普通投资者的长线筹码绝不会聚集在一起出来，所以对股价不会形成爆发性的冲击，对股价的运作基本不会产生大的影响。

现在的机构实力发展很快，而且机构中的很多都持有长线单子，一旦其中的某一张单子要出来那对股价的影响还是相当大的。

我们经常会看到这种奇怪的走势：某股某天明显有大单子在出货，这是指几十万股以上的单子，股价被明显打下，当天的成交量也明显放大，日K线图上是一条很难看的放量阴线。或许这种情况还会持续一天，但接下来的交易日就恢复了平静，成交量恢复到原先的样子，股价则慢慢回升，但由于盘中根本就没有大的买卖单子，所以回升的力度也很小。

这是一种典型的大单出货所造成的形态。

我认定的所谓长线筹码是指普通投资者的长线筹码，这些筹码不会集中出逃从而对股价形成冲击。

好了，现在我们回到“底部放量”上来。

有一点应该明确：

底部放量一定受到非市场性因素的干扰。

底部是没有量的。

一旦所有的筹码都高高地套在上面的时候我们很难想像当股价在低位盘整时会有大量的深度套牢盘放血。所以除非个股有基本面上的巨大变化或者大盘暴跌，否则放量是不可能出现的。但事实上的确会出现放量这种现象，因此这是一种非正常状态，股价的运行受到了非市场因素的干扰，比如盘中主力的对倒。

下面分析几种状态。

状态A：是底部放量后上涨。

主力在底部对倒放量的意图是非常明显的，就是希望营造“有量会涨”的氛围。现在刚刚进入拉升就放量吸引买单，表明主力已经希望市场买单跟进。

假如市场买单进去了，那么接掉的就是主力在底部买进的筹码。

在刚刚上涨的时候市场就可以买到很多筹码。

这是一个非常关键的细节。

这个细节表明主力的建仓区肯定不是在这里，也就是说主力早已经完成建仓，现在甚至有可能深度被套。

既然主力开始拉升，底部也不是主力的建仓区，那么底部到底有多少筹码被市场接走成了关键，因为这批获利盘会影响到股价的演变。但我们一般是无法知道这一点的，不过我们可以仔细观察股价上涨时的成交量。

如果量能不是放得很大，那么市场的压力还不是太大，对股价上涨的预期可以提高一些。如果量能放得非常大，则主力的目的可能就是出货，股价可能会返回原地。

下面分析一个案例。

图 9–1 案例中有三个重要时点：A 点、B 点和 C 点，分别表示股价三个不同的阶段。

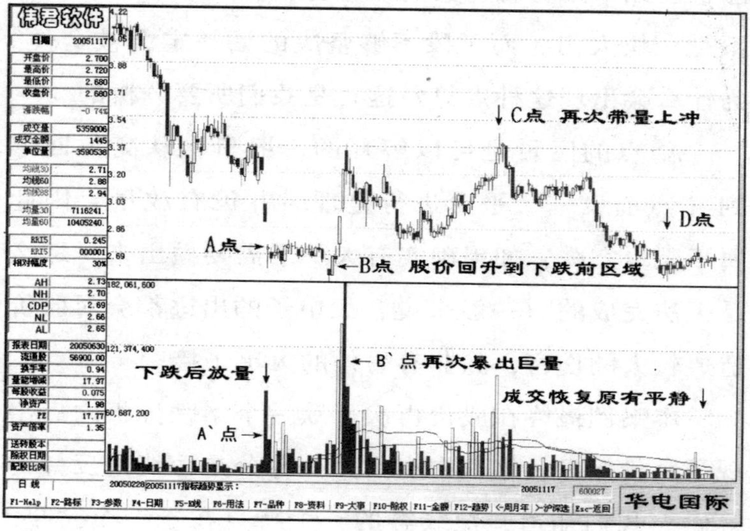

图 9–1

股价从高位回落以后在 A` 点放出巨量后见底，然后进入一个月左右的横向整理，特点是股价波动范围极其小而且成交量明显比下跌前要大出很多。之后在一次向下假突破后快速回升进入 B 点，接着股价回落并保持较大的成交量。随着成交量再一次放出，股价向上冲击 B 点的高度，失败后股价回到原来下跌前的区域 D 点。注意：这时的成交量已经恢复到 A 点以前的水平。

这个案例最有意思的是 A 点到 B 点的一段，完全符合底部放量的特征，而且接着就是放量后的上涨，但如果投资者追买的话可能会有一些小收获但绝不是一块大肉，而手段不够坚决的话一定会被套住。为什么会出现这种走势？这正是我们所要分析的。

A` 点的巨量是可以解释的。股价在从高位回落到 A 点前设一个平台进行整理时并没有放量，因此属于无量空跌，如果确实有大单子需要抛出来，那么是无法完成的。(一般来说，大单子的出逃都会对股价造成较大的伤害，除非有另外的大单子接。)

本案例最终在股价再次下跌一个半跌停板之后出现了巨量接盘，这其中有很大一部分是短线抢反弹的筹码。我们知道，短线客的一个特点在于一个“早”字，即一旦股价止跌立刻买进，赶早不赶晚，短线客绝不会在股价盘整时期买进。短线客的另外一个特点在于一个“短”字，即持筹时间会很短，如果几天内股价不涨就会把筹码还给市场。

显然本案例的关键是对于从 A` 点到 B` 点的持续放量现象做出合理的解释。

这是一个极其重要的细节。

A` 点到 B` 点的量是怎么出来的？由于它已经远远超过了正常的市场交易量，所以可以不考虑原有的一部分交易量而将重点放在多出来的这一部分交易量上面，看看这些增加出来的买卖单子来之哪里。

这些卖单中的一部分肯定是造成前面下跌的大单子，也许还没有完全出完，继续成为增加出来的卖方，但不可能成为买方。另一部分是 A 点进入的短线客也必将进入新的卖方，但由于股价进入盘整因此没有太多新的短线客会进入成为新的买方。显然这两部分的单子都属于卖方，尽管会有一些短线客继续进入抢反弹，但数量绝对不会多，这样交易就发生了倾斜。

我们不得不问：新增加的买方是谁？

可能性①：出现了一个新的主力。

这个新主力将砸下来的大单子悉数纳入怀中，甚至包括短线客抢反弹后倒出来的筹码。但问题出现了，既然是新主力，那么在B点的上冲过程中出现的更为巨大的成交量就有点不可思议，因为B`点巨量中的卖单来源出了问题。

由于这是一个历史性的低价位，而且大量的低位筹码已经被新主力锁定，所以股价在回升的过程中是不可能遭遇获利盘的巨大冲击的，而且也没有基本面上的因素可以导致高位的割肉盘倾巢而出。

由于找不到卖单的来源，可能性①被排除。

可能性②：老主力在运作。

股价在A点被大抛单砸下，老主力自然不舒服，但也无可奈何。既然在A点出现了短线客，说明市场对这个价位至少从短期来说还是认同的，于是便打起精神维护股价。

为了准备以后的拉升，老主力在盘整期间还不时制造一定的成交量，但一个月下来自然新增不少仓位，于是便在B点开始了一轮拉升，趁机出掉前面新增的筹码。

几乎可以说可能性②是唯一的解释：盘中的老主力成为新增加的买方。

A点砸下来的大单子应该已经出完，因为A`点的成交量太大了，短线客的回吐盘也没有想像中的那么大，从A`点到B`点放大的成交量只是主力运作的结果。主力确实是希望将股价拉回到原先的平台，甚至在失败之后又进行了第二次从 B 点到 C 点的放量努力但最后还是放弃了，股价回到原来的低点。

主力失败的原因有两个，一是失去了一张从 A 点砸下来的超级大单子，二是自己不愿意增加仓位。

A 点出逃的单子绝对不是一般的大单子，这从 A` 点的巨量可以估计出来。这些资金的离场必然使得股价的重心下移，除非再补充这些资金。也许在 A 点的暴跌及以后的整理中主力暂时接下来一些单子，如果主力愿意增加这些单子，那么股价回到原来的位置依然是可期的，但老主力并不愿意这样做。

对这个细节的分析可以得到一个附带的结果：盘中主力并非是控盘主力。

状态 B：底部放量后下跌。

市场上对于下跌谈论的比较少，比如媒体更多的是关心哪一只股票会涨但从不关心哪一只股票会跌。当然，上涨能给我们带来利润，所以我们关心会涨的股票。但下跌却会让我们亏的更多，而且会使我们的资金失去流动性。因此我们同样有必要关心下跌。

实际上下跌对于手中的筹码来说确实是灾难，但如果有资金的话或许是一次机会，所以我们更要关心下跌。

由于底部放大的成交量一定是受到了非正常因素的干扰，因此其接下来的下跌是有预谋的，绝对不是市场自己的选择。前一节的案例（图 8-2）已经充分说明了这一点，投资朋友有兴趣还可以回过头去看一下。

主力在底部以不惜增加成本的方式进行对倒，其目的就是吸引市场的买单，达到减仓或者出逃的目的。有时候为了将假戏做得更加真实一点，主力还会在向下破位出货前往上做一下，即所谓的“试盘”。如果市场买盘进来比较多就往上做一段时间，然后再进行杀跌出货。如果“试盘”的结果不好就会干脆一路向下砸去。

股价跌到底部一定是有原因的，比如大盘不好，比如公司业绩下降等等，因此在这些因素没有得到根本性的改变之前主力是很难退出的，即使通过底部放量这些小动作也很难会带来什么新的买单，向下破位其实是主力的非理性或者无奈之举，最终的结果是股价下一个台阶而主力手中的筹码还是原来那么多，账面亏损只会继续增加。

当然，也有通过底部杀跌出逃成功的主力甚至强庄，只是股价最后已经跌得面目全非，也不知道主力最后到底能够拿回多少钱，这种退出是算出货还是认输呢？

不过有一种情况是我们应该关注的，那就是换主力。

有时候主力也知道即使自己愿意割肉也无法在市场上退出，因此积极寻找新的主力。有时候是能够找到新主力的，于是约定在盘中交换筹码。

一般来说新主力会要求一个比市场更低的价格，所以在底部将部分筹码换过手以后老主力将股价砸下来，通过更低的价格与新主力交换大部分剩余的筹码。

这种情况的特点就是股价不会出现连续的暴跌，一般下跌幅度应该在一个跌停板之内，否则老主力的筹码有可能被市场接掉一部分。

状态 C：底部放量后盘整。

既然底部放量是非正常的市场性行为，那么放量以后继续盘整就不太容易理解了。可能有几种可能性。

可能性①：护盘。

如果同期大盘一路下跌而该股基本上以盘整为主，那么必定有主力在其中维护股价，而且必定会有更多的抛盘出来，因此这种盘整走势出现放量是正常的，它的特点是量能不会放得很大，主力护盘会增加筹码，但这与后市主力会不会拉升股价没有必然的联系。

可能性②：分仓。

所谓分仓是一个更广义上的概念，并不是说做庄的主力将一部分筹码买进后锁定在某个营业部。

有时候另外一个买家需要一大把筹码，而市场上的成交量又很小，因此与主力协商在某个区域接主力的筹码，这样就出现了放量，实际上只是一次大单交易而已，一旦接盘结束股价自然不会受到任何影响而继续盘整。

注意，分仓的特点是盘中多次出现大单成交且没有明确的上推或下压股价的意图，股价震荡的幅度也不会大。

可能性③：换主力。

如果成交量放得非常大那么存在换主力的可能，这是双方谈好的价格区域。

它的特点是盘中无明显目的的巨大单子换手经常出现，股价的震荡幅度不大。

这种情况的出现预示着该股以后在主力认为适当的时机会有拉升行情，但并不表明目前就是最低价。很多新主力还会在市场上继续收集筹码或进行打压震仓。

注意：换主力时股价的振荡幅度不会大。

下面分析一个底部放量后继续盘整的案例。

图 9–2 领先科技 (000669)2005 年的部分日 K 线图。

K 线图显示，当股价回落到底部以后，在 A 点、B 点和 C 点相继出现了三次放量，从 A 点到 C 点之间的平均成交量也开始放大，30 天均量线显著上升。但进入 D 点后成交量又开始萎缩，30 天均量线也快速下跌，属于典型的底部放量后继续盘整的形态。

特别注意：放出大量的三天即 A 点、B 点和 C

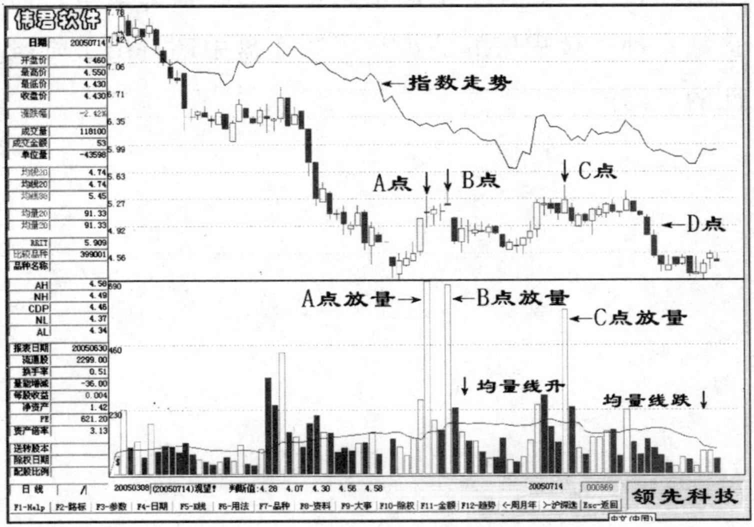

图 9–2

点三天的震荡幅度比较大。

这是分析这一案例的关键细节。

显然由于放大量的三天股价的震荡幅度较大，所以既不是分仓也不是换主力行为。

假设三天的收盘价都是最高价或者比最高价还高，我们发现其K线的形态非常漂亮，也就是说非常符合市场认为“还要上涨”、“底部放量启动”等等的形态，有望带来一些市场的买单。同时我们观察同期的上证指数走势图，这三天指数的走势并不好，C点的这一天上证指数还跌得比较多。

综合这两点，本案例是属于主力护盘的类型，而且是一种比较积极的护盘，毕竟在盘中还打出了阶段性的最高点。

十、底部无量涨停

底部永远是市场关心的重点，因为一旦底部被确认，那么也就意味着利润的出现。然而市场的习惯性思维方式都是观察有没有放量，似乎没有量就不可能构筑底部。

实际情况正好相反，真正的底部是没有成交量的。

前一节我们讨论了底部放量的种种现象。结果表明，底部放量的结果是凶多吉少，除了两种特定的情况。

一种情况是当盘中主力对倒做量完成以后大盘恰好走强。但由于主力首要任务是减仓，所以上升幅度一般来说不可能很强，绝对不会进入强势股行列。

另一种情况是底部换主力。但新主力不一定立刻启动行情，多数情况下还会把股价往下砸一下。

真正的底部是没有量的，我们必须牢记这一点。我们绝不能通过观察是否放量来确定底部的成立，但也不能说没有量的盘整一定是底部。

真正的底部不是量堆出来的。

底部是自己走出来的。

本节要讨论的是有关底部的另外一个话题即无量涨停。

涨停对于市场同样有着巨大的吸引力，因为涨停意味着股价有可能会出现大的波动，其中也就酝酿着较大的获利机会。那么当股价在底部出现无量涨停时是否意味着机会呢？

首先有一个概念必须清楚，即“底部”是有相对性的。

股价从 8 元跌到 5 元，然后进入整理，那么 5 元是一个底部，但不能说以后就不会下跌。也许过了一段时间会跌到 4 元甚至 3 元。相对于 4 元来说，目前的 5 元仍然是非常高的价位。所以我们说的所谓“底部”只是一个相对的“底部”。

假设大盘并没有大的波动并且个股方面也没有新的消息公布，而股价在底部整理一段时间后突然涨停，那么其中有主力在运作是必然的。

下面我们分析几种涨停无量的现象。

状态 A：下跌放量底部有量而涨停无量。

股价必然是从高处跌落到目前底部的，而在前期的跌落过程中放出了很大的量就表明有主力出逃，或者是主力的资金链出了问题，被主力抵押在外的筹码和老鼠仓大量出逃。

在到达底部以后又出现了放量。一般来说类似这种主力出问题的股票在暴跌以后会吸引大量的短线客，因此在底部出现放量是非常正常的，但如果底部出现持续的放量就不能单纯地解释为短线客的因素了，应该是新主力的介入。但新主力不一定是强庄，也不一定是长庄，绝大多数是打一枪就跑的超级短庄。当然主力毕竟是主力，再怎么短也不可能像普通的投资者那样今天买进明天就卖出，所以这里所谓的短庄其实真正的意思是只做一把行情，做完就走。当然一旦陷进去以后是不是能够真正出来那是另外一回事了，好多短庄最后做成了长庄。

当新的主力在底部拿到一定的浮动筹码以后即开始拉升。由于新主力的成本就在这里，所以内心十分希望能够将股价拉得高一些，更何况初生牛犊不怕虎，新主力目前手中还握有相当的资金，还没有被套，所以一旦拉升就拉出涨停，而且觉得现在还没有到出货的阶段，有没有市场买单也无所谓，因此没有对倒。而市场上在底部的普通短线客已经将筹码交给了新主力，其他买进的投资者又并非短线资金，股价上涨后绝不会立刻卖出。这样的现状就决定了涨停是无量的。

下面分析一个类似的案例。

图 10–1ST 银广夏（000557)2001 年至 2002 年内的部分日 K 线图。

股价从 30 元暴跌下来后放出巨量，随后一路跌到最低价 2.12 元。随着底部放量股价有所回升，接着出现连续两个无量的涨停。

这是一种典型的新主力做短庄形态，只是成交量显示该新主力的建仓可能早于底部，已经短期被套，因此更急于拉高股价。

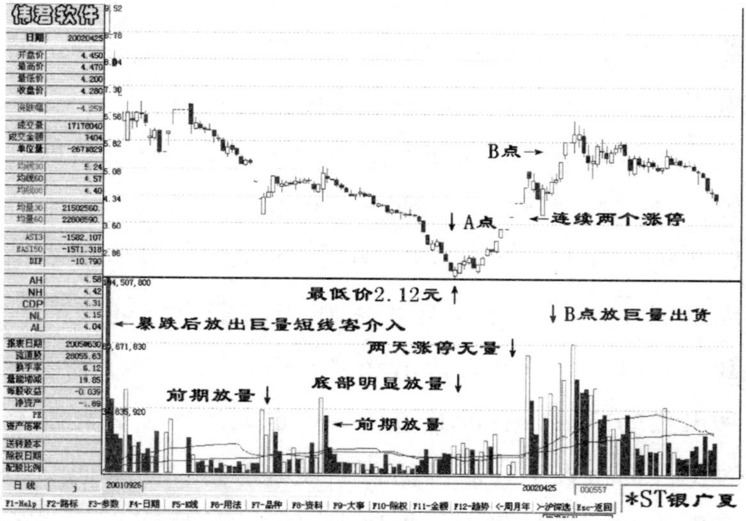

图 10–1

实际上仅仅两个涨停板以后新主力就开始制造震荡出货行情，在B点堆出巨量以营造良好的出货氛围。

注意：短庄的特点在于一个“短”字，因此参与这种投机必须同样掌握一个“快”字。

本案例讨论的是一个“短庄”介入的情况，因此我们在操作中可以先将它视作“短庄”，即使真的是新的长期主力介入，在一波行情以后也会进入适当的回调，我们可以通过涨停以后的走势来做进一步的研判，但这已经超出本节的范围。

状态B：下跌无量底部无量涨停也无量。

这种三无状况也经常会出现，它的特点是无声无息，似乎是来无影。

既然下跌无量底部也无量，那么在这两个阶段都没有主力参与，但无法断定是否有主力隐藏在其中。接下来出现了无量涨停，说明有主力参与，但一般来说既然涨停没有量就表明主力没有减仓意愿，而且愿意再增加仓位，说明即使是老主力也还有一定的实力。

不论何种情况后市是可以看高一线的。

从逻辑上说，因为没有看到建仓的过程，所以即使是新的主力也应该没有完成建仓。

从主力建仓的途径来说，有被动式的逢低吸纳，也有主动性的拉高建仓，更有震荡式的强势拉票。但从三无量的情况看这三个过程都没有出现，所以可以先将它看成是盘中老主力所为，在涨停以后可以进一步观察是否会出现这三种建仓的状况。

下面分析一个典型的三无案例。

图 10-2ST 冰熊(600753)在 2005 年内的部分日 K 线图。

前期下跌过程没有量（图上省略），在 A 点的底部区域没有放量，随后在 B 点的连续两次涨停也没

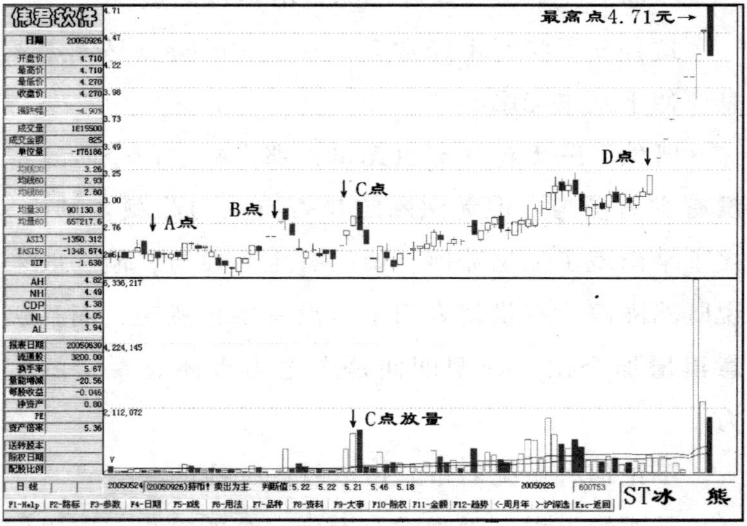

图 10-2

有量，属于典型的三无形态。但值得注意的是涨停以后股价居然又回到老地方。

这是本案例的重要细节。

如果是老主力在拉涨停，股价回到起点等于白做，可能性相当小，因此新主力介入的可能性就比较大了。但如果是新主力，那么如何建仓是一个问题，我们必须替主力考虑，在什么地方可以建仓。

由于前期一直没有放过量，因此新主力肯定没有筹码，必须要想办法建仓。毫无疑问，涨停也是一种建仓的方法，而且这类ST股票的涨停幅度只有5%。

这里无量涨停的用意就是新主力建仓。

当股价在底部出现无声无息的涨停时一般市场上不会马上就出现大量的割肉盘，但如果涨停后又无声无息地回落下来，那么割肉盘就会出来一些。由于B点的涨停并没有量，所以新主力还是没有买到筹码，但这是意料之中的，关键是新主力知道当股价从涨停价回落，特别是回到起点时，会有割肉盘出来，主力的真正目的是买到这些割肉盘。

由于仍然没有放量，所以本案例的新主力可能是在B点以后的股价回落中还是没有买到筹码，便再次在C点拉出涨停。

由于有了前一次回落的教训，第二次的拉高带出了大量的割肉筹码。但成交量显示筹码依然是不够的，于是在C点到D点的过程中主力明摆着是一路推高股价进行强行建仓，直到D点开始正式拉升，又进入再一次无量涨停。

数月后公司的一则公告表明基本面将发生变化，这是新主力介入的理由。

本案例对于具体的操作来说困难在于如何确认其中的主力是新还是旧。

第一次涨停后回落不能排除老主力失败的可能，第二次涨停后放量回落也可能是老主力认赔出局。但即使如此，从C点到D点的过程应该是有足够时间来确认其中是新主力。

以上只是讨论了比较常见的两种无量涨停现象，对于其他形形色色的类似现象我们也可以用同样的方法进行分析，关键是要抓住细节。

十一、放量涨停细分析

经常会有个股走出涨停行情，但股价涨停的过程却各有不同。上一节我们讨论过底部上来无量涨停的现象，还有在相对高位的无量涨停等一些没有量的涨停。也有一些是伴有很大成交量的涨停，本节就是要讨论放量涨停的现象。

所谓放量涨停就是在股价涨停的过程中出现了巨量换手。

成交量是由买卖双方的交易结果产生的，因此分析要从两个方面结合起来，不能单单从抛盘大还是买盘大来考虑。

股价涨停了，表明市场上出现了获利筹码，所以起码会有相当一部分获利筹码兑现，因此仅以市场本身而言，在排除了大盘超级强势和个股基本面的变化以外，股价是不可能涨停的，因为我们找不到理由来解释追高买单的行为。所以涨停的股票一定有或大或小的主力在背后进行运作，我们的任务就是分析主力的情况以便于我们采取相应的投资策略。

单就放量涨停来说也有多种形态，这里只是讨论其中的一种，即一路放量上冲涨停价。

开盘后一路挟巨量上冲至涨停价，然后或者在数分钟后有一次短暂的打开或者干脆一直将涨停的价位封到收盘，其中整个的上冲的过程在半小时以内，这种形态是比较常见的涨停形态。

如果股价刚刚从底部起来就出现这种走势，毫无疑问是盘中的老主力。

当然，股价一路上冲肯定会出现获利了结盘，毕竟刚刚离开底部，至少底部的筹码是获利的。主力的意思也是告诉市场，成交量很大，因为底部的获利盘正在出来，但买盘更多，进来的买盘不但将获利盘悉数消化掉还惟恐买不到而一路抬高买价，形成目前这种放巨量上冲的态势。但同时问题也产生了,无论怎么算，底部的获利盘都不会有这么多，而且现在有那么多的追高买单也令人怀疑。

也许基本面上会有好消息，而我们市场上还不知道，某些神秘资金却已经提前知道，但这部分资金绝对不会有那么多，而且也不会那么集中的出现。

显然，短时间内过大的成交量起到了一个完全相反的作用，反而露出了主力的一些底牌。

市场对主力并不反感，相反还是比较欢迎的，因为主力的存在毕竟起到了活跃股价的作用，但接受的程度还取决于主力的底牌。

现在股价挟巨量上冲，量能明显超过市场自身的规模，显示主力在运作的过程中还有对倒的动作。主力对倒的用意可能各有不同但最终目的只有一个:就是吸引市场的注意，通俗地说就是让市场跟进。

股价刚刚起步就让市场跟进，其实是告诉我们一个主力并不想让我们知道的内幕：主力不愿意再增加筹码，至少主力的成本区域并不在前面的底部或者干脆说主力也是被套的主力。

一个被套而且不愿意再增加筹码的主力，其市场吸引力自然会下降许多。

当然，我们只是知道了主力的一些底牌，但并不是说我们就可以凭此断定股价的趋势。预测股价的走势涉及到方方面面，这里讨论的只是一个小小的环节。

下面分析一个案例。

图 11-12005 年 7 月 12 日襄阳轴承（000678）的当天走势图。

该股当天停牌一个小时后开盘，因为公司公布了上半年的盈利增长公告。图中可知，开盘后一路挟巨量上冲涨停，尽管后来数次打开但最后还是封住涨停并直到收盘。

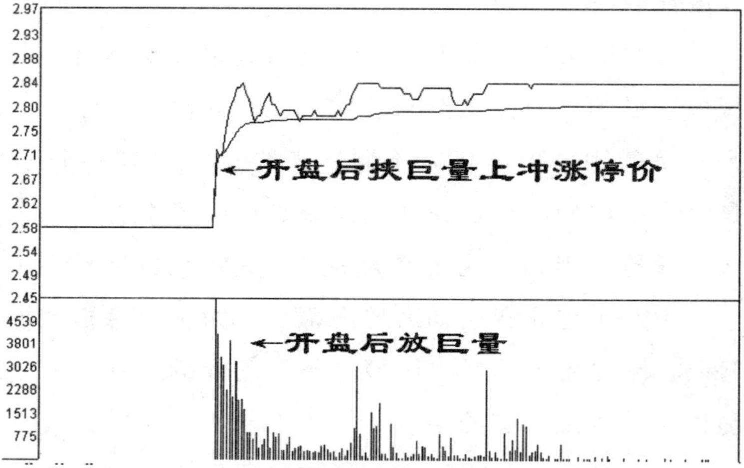

图 11-1

最后该股报收于 2.84 元的涨停价，日成交达到 793 万股。

当时 100 天的平均成交量是 75 万股，50 天的平均成交量是 85 万股，因此当天的成交量已经达到平均值的 10 倍以上，而它的流通盘仅仅只有不到 8000 万股！这可以说是明显的放巨量涨停案例。

基本面上该股当天公告今年中报的业绩达到去年同期的 10 倍。仔细分析，去年中报 0.006 元，因此今年中报应该是 0.06 元。根据有关公告，早在数月前公司就称今年的业绩将翻倍，而去年的业绩是 0.078 元，因此今年的年报应该在 0.16 元左右，半年报在 0.08 元左右，这样当天预告的 0.06 元明显是低于预期的，因此这一则公告决不会引来那么大的买盘。

接着我们来看它的日 K 线图即图 11–2。

股价在 C 点创出了 2.45 元的历史性低价，现在 D 点出现了涨停，但成交量放出了巨量。

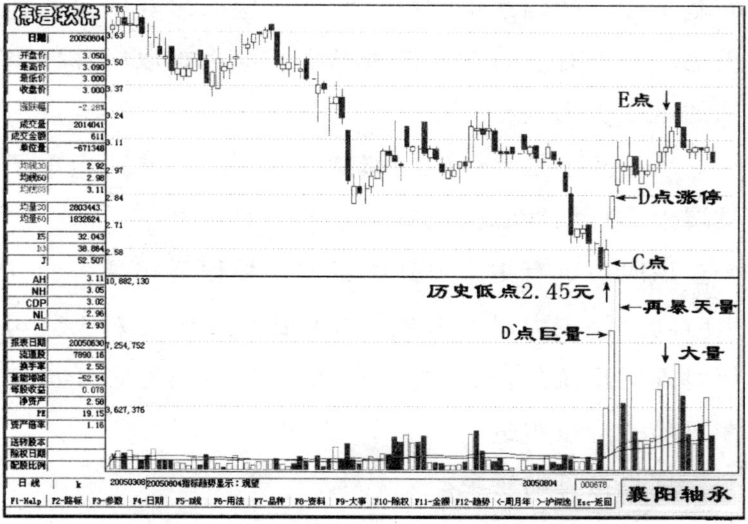

图 11–2

分析该股近期走势，股价处于从 3 元破位后的连续下跌势头中，其中并没有明显的停顿，而且日成交量一直维持在 50 万股左右。直到 C 点前两个交易日才开始出现异动，盘中出现两笔大单子，一笔为 20 万股另一笔则为 30 万股，当天成交 175 万股。前一个交易日成交则放大到356万股，盘中出现较大的接抛单。

现在涨停的当天出现了793万股的巨量，显然我们应该注意到这一点。

这个巨量是该案例分析的关键细节。

就算前面的底部筹码全部跑出来也没有这么多，而基本面上的因素也难以解释会有这么多套牢盘蜂拥出逃。难道有主力在此低价抛售？但也难以解释哪里来的这么多的接盘。

结论几乎是唯一的，那就是其中的一些买卖单子是属于非市场性的，也就是主力的对倒盘。

该股一定有主力在其中运作。根据公司公告的推出时间，该主力对上市公司本身比较了解、对于公司何时推出预盈公告非常清楚，而且该主力愿意让市场在目前的价位跟进。

这是常见的现象。

主力为什么愿意而且很明显是故意做出成交量来吸引市场跟进？前面已经分析过，要么就是主力不愿意或无法再增加仓位，要么就是主力被套。但具体到本案，由于股价的涨停并非属于尾市的偷袭，因此主力在此历史低价区企图拉高出逃的可能性微乎其微。

结论就是本案例的主力不属于能够控盘的强主力

而且已经被套，也已经失去了大量增加仓位的能力。

果然在 E 点该股又开始连放五天的大量，其股价甚至还没有能够超过 3 元。

当然，基本面对该股的长期走势是有利的，只是碰上这么个弱主力，恐怕股价的走势会相对弱一些。但从这次股价的异动中可以看出，该主力再弱也不愿意让股价长期停留在 3 元的下方，也许主力的成本在 3 元以上。

十二、封不住的涨停

前一节我们分析了一些涨停的情况，主要是从有没有量这个角度去考虑的，但我们也可以从其他的角度去考虑，比如涨停封的程度。

有的涨停形态是一旦封上就全天不再打开，是一种非常强的态势。这里我们要分析一种涨停的常见形态，就是断断续续涨停的形态。

既然是断断续续地涨停，那么有一点是可以肯定的，那就是每一次涨停被打开以后股价回落的幅度不会很大，否则就很难再封到涨停的位置，因为回落幅度过大的话会动摇市场的做多意愿，减少盘中的追涨买盘。当然，我们在这里将完全控制流通筹码的强庄股排除在外，在强庄股的表演中甚至会出现从跌停拉升到涨停的奇观。

股价的涨停取决于两个方面，或者是受消息面的影响，比如公司的利多消息。或者是受到盘中主力的非市场性因素干扰。有时侯这两种现象会同时出现。

如果没有基本面的配合而个股出现涨停的话，一般我们将它归结为主力在盘中运作，由于主力一方面在往上推股价，而另一方面却又封不住涨停价，这是一个似乎矛盾的现象。

从表面上看，我们只是看到股价上冲到涨停这个现象，首先可以排除普通投资者的一次买入行为。当然有时候基金的某张大买单也会使股价一路上冲，但绝对不会屡次冲向涨停价。当然我们不要忘记了，主力也会有要筹码的时候。由于没有基本面的配合，股价上冲涨停又封不住，市场上卖单自然会蜂拥而出，主力为了买进更多的筹码自然不会去封住涨停，于是在每次一路买到涨停价后又放手让抛盘杀出，再继续买进。

这其实就是我们经常听到的主力“拉高建仓”形式中的一种。这种现象一般出现在股价的相对低位。

如果基本面上有一定的支持，股价自然是有一种向上的冲动，但除非是极大利多否则单靠市场自己是封不住涨停价的。而现在反复封上涨停，就一定有主力在其中逆势运作。

我们有很多投资朋友喜欢做短线，而短线个股的强弱与是否有主力运作密切相关，因此判断有没有主力成了一大任务。其实我们只要简单看一下 K 线图，如果近期出现过涨停那么一定有主力。剩下的就是摸清这个主力的底牌了，比如实力的大小，是否被套，大概的成本区，操作的大致风格等等。当然别忘了判断该主力是否想出逃，这是本节的题外话。

在屡次冲向涨停的这个现象中，除了有主力这个因素可以确定以外，还有一个因素是成交量。

既然涨停被屡次打开，那么全天的成交量一定相当大，大量这个因素绝对不能漏过。

从卖方来说，由于股价出现大涨，并且盘中屡次冲上涨停，因此出现的卖压一定是过多的。那么买单来之哪里？当然市场上会因为基本面的利多消息而带来一些，但我们知道要让市场自己去封涨停而且数次去封涨停是不太现实的，我们宁愿相信没有这种可能性。因此这些蜂拥而来的将股价推上涨停价的买单很大一部分是来自盘中主力。

现在可以得出结论，其中的相当一部分成交量是主力的对倒盘。

主力用了很大力气来进行对倒堆量，用意又是什么呢？

我在本书的开始曾经说过，主力非常了解市场的习惯性思维，特别是“放量会涨”这一条。因此只要主力在盘中对倒成交量，那么意图就一定是吸引市场的跟进。如果主力封死涨停，那么市场上买盘自然无法进来，而第二天则随着基本面消息的淡化，市场又不一定会继续追高。所以主力要抓住当天的良好时机，当市场买单跟得上时出货。而当市场买盘跟不上时再反向运作将股价顶上涨停，毕竟在消息的支撑下抛盘还不至于让主力害怕。这样几来几去，即使主力没有故意的对倒也还是做出了不少的成交量。

现在我们清楚了，主力的目的在于出货。

主力要出货与主力全身而退并不是同一个概念。

主力为了维护股价经常会增加筹码，因此如何将新增的筹码还给市场始终是主力要考虑的事。一旦基本面出现利多主力是不可能不考虑减仓的，只是具体的减仓价位与市场的整个多空氛围有关。大盘好的话可能将股价推得高一些再设法出货，反之则消息一出就想办法出货，但这种出货是正常的操作手段而不是准备完全退出。

一般来说完全退出的判断要点是上市公司本身的基本面提升已经完成，以后不再有大的能够预期到的基本面上的利多了。

这是历史遗留问题，我不再展开。

下面通过一个案例进行实战分析。

图 12-1ST 天然碱(000683)2005 年 11 月 11 日的实时走势图。

图中显示，股价在开盘后四分种达到涨停，然后

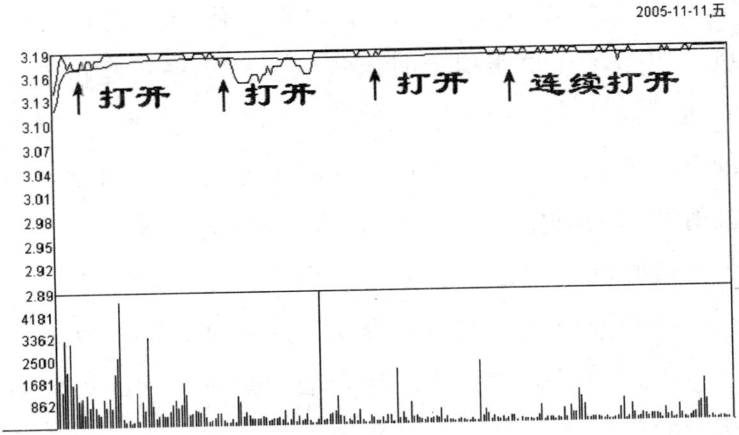

图 12-1

就是在不断地打开涨停、适度回落、再上冲涨停的轮回走势，全天这样的轮回超过 20 次，最后 9 分钟被封在了涨停。

这是一种比较标准的封不住涨停的走势。

图 12-2ST 天然碱(000683)的日 K 线图。

日 K 线图显示，该股前两天的走势强于大盘，成交量突然超过 400 万股，放大四倍以上，而当天更是达到 1006 万股的三年多来的天量。

天量是分析这一案例的细节所在。

首先是基本面给了我们一个答案。

当天的一则公告显示，公司通过一次股权对换，将明显提高未来的业绩。

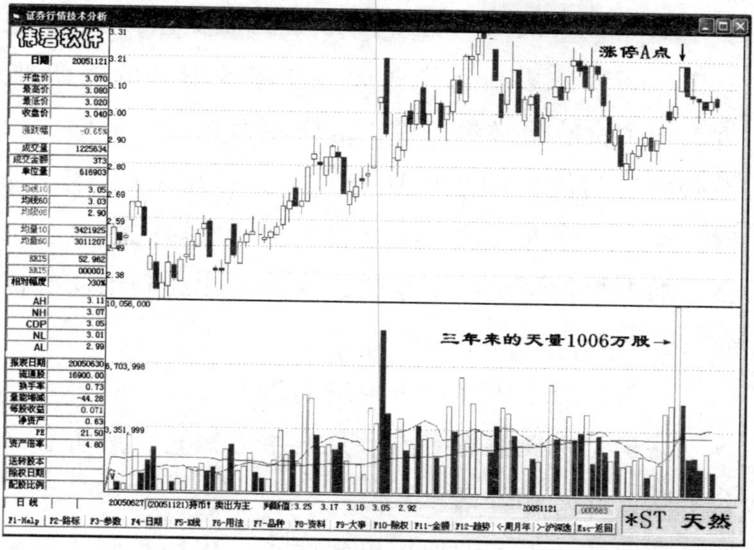

图 12–2

这是量能异动的原因，但肯定只是其中之一，问题并没有得到最终解决，因为我们无法相信这则消息竟然无法使股价上涨 5%（ST 公司涨停只有 5%），而且当天的成交量居然超过前两天已经暴涨的成交量之和。

根据经验，如此重要的股权对换不可能完全瞒得过市场，因此必定会有一些先知先觉者提前买进筹码。但这毕竟只是一小部分的投资者，而且公司远在内蒙古的鄂尔多斯，很难想像两天前因为要公布这一消息而突然涌入如此大量的买盘。

显然，前两天共 800 多万股的成交量并不真实，其中一定有主力在运作。而当天随着消息的明朗,股价上一个台阶是必然的事，这样主力在前两天增加的筹码就成为短期的获利筹码。由于主力并非新主力，所以基本面的变化实际上是提供了一次短线的做空机会，加上短期又增加了仓位，主力必然会利用这次机会。

主力已经成为涨停价附近的最大卖家。

这里特别要注意一点：只要主力减仓，股价必然会下跌。此是题外话。

形成这一形态的原因已经明了，现在我们要分析这一状况对股价未来走势的影响。

日 K 线图显示，该股已经接近年内高点，投资者对其冲破高点必然充满信心，但市场往往会忽视或者误解主力的意图。由于主力在涨停价附近实施了减仓,那么存在两种可能，一种是主力逐步减仓退出。从基本面考虑，该公司在资产重组以后未来的格局还没有定，公司最终的业绩等等还处于不明朗的状态，所以这一可能性可以排除。因此只能是另外一种可能性，主力减仓是为了买回筹码，因此该股未来的走势还是可期的，只是这次主力出的量大了，减的仓多了，因此主力还应该有一个回补的动作。主力当然不会愿意高价买回减掉的仓位，所以接下来在主力的刻意运作下股价必然会有一个回落整理的过程，等到主力把该买回来的筹码买回来了，新高也就可期了。

十三、盘中巨量分析

所谓“盘中巨量”就是在当天交易时段内出现了巨大的交易单子。

比如平常日成交不过在100万股左右的股票突然急增到1000万股，或者说尽管日成交量并没有急增，但盘中的接抛盘却出现了巨大的单子。如果没有基本面上的变化，那么这就是一个非自然的市场交易行为。

先分析一个案例。

图13-1是襄阳轴承(000678)2005年9月5日当天交易的分时走势图。

在连续多日成交在200万股左右后突然放出1197万股的巨量。

盘中上午交易一个小时后情况变了，这一变化仅通过报价是不可能发现的，因为接着一个小时的股价变化并不大。但如果观察买卖盘我们就会发现接抛盘出现了翻天覆地的变化，上下各五个价位的单子全部都是四位数，也就是说每一个价位都有几十万股的买单或者卖单。但由于成交量依然不大，股价也就没有大的波动了。

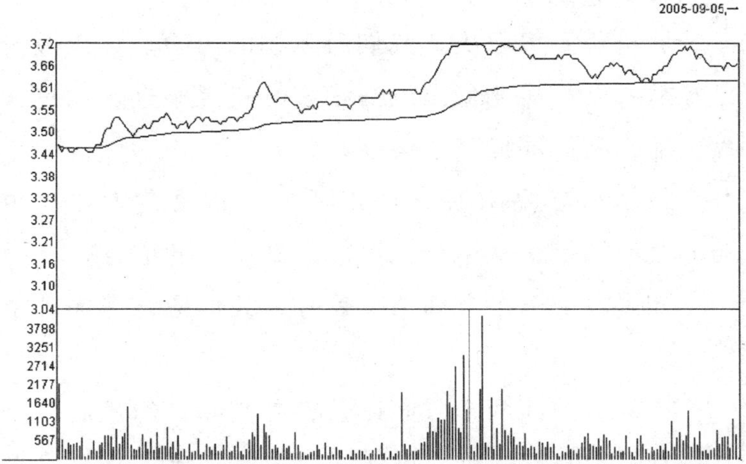

图 13-1

下午发生了更大的变化，巨大的接抛盘依然存在，但出现了巨大的成交单子，股价也随之上涨，最后以大涨报收。

这是一次明显的“盘中巨量”案例。

这种现象的出现无疑表明盘中主力正在有所作为，因此就有投机的机会。

注意，这里所说的投机机会绝对是短线机会，因为我们还没有了解该股的基本面。

对于出现“盘中巨量”现象的股票能否进行投机取决于三个方面：市场环境、股价位置和技术形态。

市场环境是必须的，一路下跌的市场并不是短线投机的场所。

股价位置可以决定我们所承担的风险。如果股价已经从一个相对的低点上涨很多并且涨幅远远超过大盘，那么我们同样不予考虑。

技术形态是由K线图形成的，这是主力参与市场的交易结果，从中我们可以得到主力的信息。

如果以上三个方面情况良好，我们应该考虑动手了。

实际上前面两个方面比较容易判断，但最后一个方面判断起来比较难。确实，这里涉及到一个技术形态的分析问题。有关技术形态的分析几乎在每一本技术分析书中都有介绍，但靠这些形态分析显然是很难获利的。因为经典的形态分析理论过多地依赖图形，再加上一些成交量的分析，但没有涉及到盘中主力的运作，更没有涉及大盘的运行态势。

其实同样的股价形态其未来的走势差异很大，我们可以举出足够多的实例来证明一个标准的头肩底形态完成以后，股价走出背离的下跌浪，也可以举出无数个标准的双顶形态完成以后股价走出背离的上升浪。但这一切同样不能否定形态分析的作用，只是提示我们：形态分析远没有我们想像中的那么容易。

再说一点本节的题外话。

如果没有主力参与，成交量又是非常小的话股票的价格其实并没有什么意义。

这句话好像与“股价是股票内在价值的体现”格格不入，但实际情况就是这样，不管我们是否赞成。

从逻辑上来说，成交清淡的股票往往只有很少的接盘，因此如果某个投资者因为某种原因一定要卖出一张单子的话将会将股价打的很低。其他的投资者也许并不认同这个价格，但他们不会再买，因此这个价格就会持续下去。

我的意思是说，成交量过小往往会出现一些偶然性。

如果我们注意观察香港的股票市场就会发现，好多股票是经常没有交易的，它们并不是停牌，只是无法撮合成交，因为买卖意愿相差太大。我们甚至会发现有些股票连一股买卖报价盘也没有，有时候在上下各五个价位的挂盘中只有一两个有挂盘。对于这种股票，其成交价格很难说有什么意思。

我们应该把注意力集中在交投活跃的股票上，这种股票有主力参与的可能性相对大一些。

另外我们在学习技术分析指标时有一点必须牢记，一般情况下技术分析指标仅仅提供一些与市场某个方面相关的统计结果，它只是告诉我们市场目前所处的某些状态，但要预测未来光靠它是不够的。

我们知道，如果个股中没有主力的介入以及主力的刻意运作，其股价的升幅很难大幅度超过大盘，尤其是短期的走势。因此我们必须在分析股价时将盘中主力的意思搞清楚，然后再结合形态做出投资决策。当然，主力的手法多种多样，比如操纵开盘价、最高价、最低价、收盘价、成交量等基本的日常数据，控制盘中交易时段的接抛盘，制造即时成交的放量等等，当然也包括制造“盘中巨量”。因此我们很难将结合主力行为研究的形态分析方法以军规的形式记录下来，只能根据自己的理解和参悟做出具体的分析和判断，在本书最后部分我会提出具体的图形分析方法。

回到“盘中巨量”这一现象。

这一现象的特点是巨量，毫无疑问是有主力在运作，而且主力的目的就是要引起市场的注意，特别是要吸引资金的注意。这时我们可以借助一下经典的形态理论，如果形态理论告诉我们股价将要上涨，那么可以基本确定这也是主力要告诉我们的，当然还有一个任务就是判断主力说的是真话还是假话。

比如一些上升中继形态完成后的向上突破，如上升三角形、箱型、旗形、楔形等。这些形态的前提是在进入之前股价已经有过不小的升幅，而且现在所谓的“盘中巨量”又是明显造假的量，因此主力有说假话的可能，股价可能在向上突破后反向回落。当然这不是绝对的结论，如果盘中是新的主力，那么股价继续上涨的可能性也很大。

如何判断新旧主力呢？

对于一些底部形态完成后的向上突破，如双底、多重底、头肩底等。由于股价离底部不远，主力说真话的可能性较大。不过这里还有一个度的问题，即后面的上升空间有多大。因为在刚刚离开底部时主力就急急忙忙做出巨量表明仅仅是盘中老主力甚至是被套主力在运作，所以从安全的角度出发不应该将股价上升的目标定的过高。

这里讨论的一些情况并不包括主力资金链断裂的特例。如果属于这种情况那么不管形态如何，接下来就是股价的雪崩，因此在看到“盘中巨量”时首先要排除这一点，至于如何判断资金链断裂的问题不在本节之列。

再回到本节一开始提出的案例。

图 13-2 襄阳轴承(000678)当时的日 K 线图。

到 A 点为止，主力构筑了一个完美的上升通道，为了使形态更加完美，上下各有三次碰到或者接近上

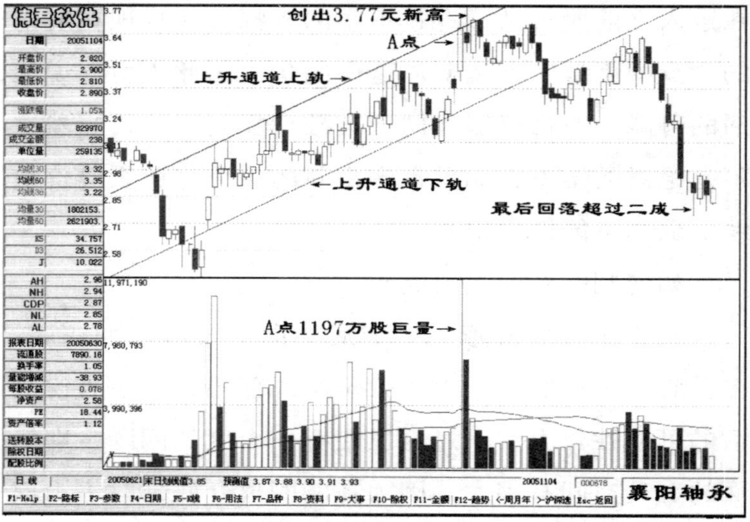

图 13-2

下轨道，这就是说主力告诉我们：这个通道是非常有效的，A 点的成交量已经放出，股价就收在上升轨道的上轨，这已经是第四次上冲轨道上线了，而且上影线已经破了上轨。言下之意很清楚：股价即将向上突破。

果然，第二天股价在盘中创出 3.77 元的新高。

现在，根据我们对图 13-1 中巨量的分析，再根据股价已经有了一段不小的升幅这一点可知，这绝不可能是新的主力建仓。由于前期底部也放过较大的量，所以也不可能是老主力在此大幅度增仓，显然只能是主力在对倒盘，利用大众“放量上涨”的习惯性思维吸引市场买单从而达到减仓的目的了。

主力通过图形告诉我们的是假话。

接下来的走势充分证明了这一点，不到两个月股价已经跌去二成以上。

十四、诱人的大单

本节的话题源于一次亲身的经历，时间应该是在2004年的上半年。

由于上证指数又一次创出阶段性的新高，当时效力的公司重仓持有的锡业股份（000960）也是涨势喜人，已经从6元的底部冲到了10元上方。但午饭后老总并没有像往常那样小歇片刻，而是同我商量起行情来。

大盘从1300点上来直到1700多点，其间没有调整过。当时还没有进行股权分置改革，甚至还没有这样的说法，即使提到也是用全流通的字样来代替。但我对全流通一直抱有万分的警惕，或许也是受到我的影响，老总提出是不是可以减掉部分仓位。

做股票实际上有两种方法，就是做大盘和做个股，实际上就是以大盘为主还是以个股为主。大多数机构包括基金采用的是第一种方法，但公司在全面考察基本面的基础上对一些个股明显加大了投资力度。尽管当时全流通问题随时可能被提到桌面上来，但至少短期内还看不到大盘暴跌的迹象，因此是否减仓完全取决于个股的基本面变化。

锡业股份（000960）已经从6元涨到10元，确实会有一些困惑，但由于该股两个基本面方面的情况，我认为应该继续持有。

一个情况是有关公司本身的。该公司的产品锡的价格目前大幅度飙升，伦敦期货交易所的三月期价已经从6500美元上涨到9100美元，升幅达到四成。

另外一个情况是有关市场方面的。该股在首次冲击10元这两年半以来的新高时出现了大笔买单。

既然有这两方面的保证，老总也就不再提减仓的事情了，只是有些担心，万一那些大买单是非正常交易呢？

老总指的当然就是对倒。其实就连普通的投资朋友也知道，在股价从6元涨到10元后出现大单子或者说是大的成交量几乎可以断定是主力在对倒出货。确实有很多种情况是这样的结论，但对证券市场而言就是没有什么永恒的结论。

证券市场没有军规。

绝不要轻易相信所谓的结论，因为条件一直在变。

股价在相对高点放量是不是对倒，这还得依赖于我们细心的分析，依赖于一些细节的把握。

图 14–1 锡业股份（000960）当时的分时走势图，我们通过这张图来回放这次股价冲击 10 元的过程。

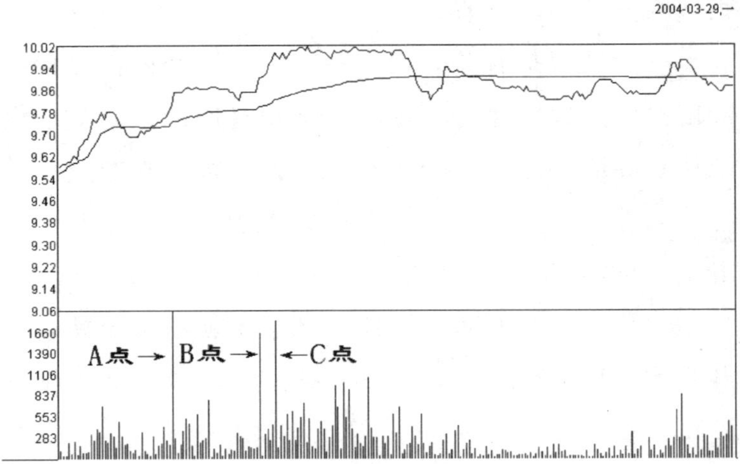

图 14–1

10 点 10 分，在图中的 A 点一笔 18 万股的单子将股价从 9.75 元打到 9.80 元。该股流通盘 13000 万股，成交量一直比较大，在 10 元大关前出现这些抛盘是正常的，从 9.75 元到 9.80 元有五个价位，全部打掉用了 18 万股并不异常。

由于上档已经没有大抛盘，所以股价进入 9.85 元横盘。20 分钟后在图中的B 点一笔 12 万股的买单将股价打到 9.90 元，又是扫掉五个价位。

接着股价无量上冲到9.95元。不到10分钟，在图中的C点再一笔15万股的单子将10元及以下的压盘扫光。接着在10元上方不断出现万股抛盘但随即就被吃掉，中午收市前股价站上10元大关。

在整个大单子扫货的过程中我们应该注意两点：

第一是一笔单子打掉上档几个价位的压盘。

第二是没有看到下方有50手以上的接单。

当股价涨幅过大以后，市场的自然状态就是仅有少量的接盘和较大的抛盘。因此尽管买单较大，但因为吃掉几个价位，所以基本上可以认定上方是市场上的抛盘，而不是对倒盘。尤其是在接近和达到10元这样的整数关口。另外假如是主力对倒的话，其目的就是要将股价做上去，因此必定会在下面放上一些较大的接单，以避免股价的回落，但这次没有。

显然，整个交易过程非常自然，这些大买单一定是新的市场多单。

其实这个股票本身有没有主力还是一个谜，其股价的逐级攀升完全是紧跟锡价的上升走势进行的。

最后该股在这波行情中涨到11元以上，当年最终涨到12元以上。

类似的情况在该股上涨的过程中已经多次出现，所以我在当时并不把它看作是主力运作的结果。

后来的年报显示，十大流通股东全部是新面孔，其中有九家是基金和机构。

假设基金欲买进锡业股份（000960）200 万股，股价在 9.50 元到 10.00 元，时间三天。该股前一天收盘 9.54 元，日成交在 300 万股左右。

交易员如何操作？

拿到单子的当天股价开在 9.55 元，交易员可以有两种操作方式。

方法①：以价格为要素，尽可能买在低价位，比如在 9.54 元左右不动声色地吸纳甚至等待更低的价格出现。如果股价一直这样甚至还下跌，那么买入的价格将是比较理想的，对公司当然也是有利的。

但股票市场上任何情况都会出现。如果后两天股价上涨超过了 10 元而自己还没有买足 200 万股，上司一定会问：前面你在干啥呢？

方法②：以时间为要素，尽可能快的买进 200 万股。结果很可能是在一个上午的时间里就把 200 万股买回来了，而股价则因为突如其来的大买单而一路上冲到 10 元，因为交易员不能在 10 元以上买入，所以股价没有超过 10 元。随后股价因为失去大买单的支撑而回落甚至跌破原来的起始位置。

交易指令单完成了，只是买进成本比较高，也许高达 9.90 元，股价在第二天跌到 9 元以下，但这不是交易员的过错，交易员完成了指令单，上司尽管胸口有点闷但至少口头上不会有意见。

从人类天生的自私心态出发，交易员一定会采用第二种方式。

我们经常会在盘中看到某些股票在开盘后一路有买单扫货，也没有明显的成交量，根本就不像是有组织的拉升行情，也许这就是某个大机构的交易员在干活。

本节案例中的盘中扫货像不像机构大单子的扫货？我认为一定是的。

十五、大单的出逃

我们有时候会发现一些股票突然大幅度下跌，成交量明显放大，而且跌幅也明显超过大盘，一般我们都会理解成有人出逃，但到底是什么样的人在出逃，是主力还是普通的大单子持有人，或者是公司基本面上有了变化，这些答案并没有明确地给出，需要我们认真分析。

我们必须了解这些筹码的大致来源，这对于以后的操作非常重要。比如手中有筹码，是继续持有还是抛？比如原来就准备买进的是不是还要买？等等。

状态 A：主力出逃。

判断主力是否出逃光凭某一天的走势是根本没有用的。主力之所以能够骗得市场的买单很重要的一点就是当某个投资者被该股吸引过去时，主力已经在里面运作了一段时间了，新的投资人根本不清楚前面那些 K 线是怎么被“画”出来的。所以投资朋友就算已经买进了某个个股但平常并不注意该股的盘中走势，那么对于突如其来的猛烈下跌确实难以一下子判断是否主力在出逃。

从大的方面来说，主力的计划一般都是将股价运作到个股的基本面有一个明朗的结果为止。比如公司业绩增长，那么就会做到报表出来。有资产重组，那么就做到重组公告出来。因此这就是判断主力是否出货的一个重要依据。

但主力有可能提前减仓，所以在最后期限到来之前也会出现大量出货的现象，不过即使如此，股价以后还会回升，主力并不是真正的全身而退，因为在消息没有明朗之前很难做到全身而退。

所以只要投资朋友对该股的基本面比较有把握，即使这次是主力减仓也并不可怕，后面还有回升后的出逃机会。

如果是主力在减仓，那么反映在盘中就是绝不会在上方压出很大的抛盘，而一旦下方有接盘就会砸出去，至于下方到底有多少接盘我们是很难知道的，因为下方也会有主力自己的接盘。另外，如果尾市上方压盘不大的话主力一般会将收盘价拉起来，这也是一个重要的特征。

状态B：筹码换手。

所谓的筹码换手实际上就是主力将手中的一部分筹码转让给另外一个投资者。其特点是盘中在某一个较低的特定价位连续出现类似对倒盘一样的成交量，而且尾市必然会有拉抬收盘价的动作。

状态C：一张普通的市场大卖单。

现在这种情况越来越普遍。

近几年市场持续低迷，因此个股的成交量明显萎缩，这样任何一张比较大的单子要出货就成了问题。为了吸引市场的买单，出货者只能将股价砸出一个窟窿，否则根本就没有接盘。

以前有些操盘手权力比较大，像一些手持数千万资金的券商操盘手自己就可以决定大单的进出。现在一般都会有交易指令单，交易价格明确，期限也明确。不过由于交易员担心夜长梦多，惟恐股价跑出限价范围，所以会在尽可能短的时间内努力完成指令，只要股价还没有跌破底线，交易员就会坚决出货，使得股价的跌幅远大于大盘的跌幅，成交量也明显放出。

不管这张大卖单是主力的还是市场上的，我们最关心的是经过一天的出货，单子是否已经完成。

判断这一点的关键在于盘中的成交量。

想像一下交易员手拿卖出单面对萎缩的成交量时的心态，他会怎么做呢？

先试着将少许筹码压出去，结果其他卖单比他压的还要低，这样他只能直接对着买单砸，但接盘有限，因此也只能出掉一点是一点。随着时间的推移，交易员的心跳开始加快，不经意间加大了出货的力度，只要价格还没有跌破指令单上的底线就连续出货。股价一路下跌，走出跳水行情。在一个较低的位置出现了较多的买单，这时交易员手中的筹码已经少了不少，似乎可以等一等。在剩下的三个小时内，交易员一般还会有数次较大的卖出行为，等在下档聚集起部分买单以后一锤子全部砸掉。如果单子完成，那么成交将会明显萎缩，但股价难以回升，因为上档已经有不少市场的跟风卖单压在上面。如果单子还没有完成而且有希望完成，那么交易员会在临近收盘时再次大力出货，股价可能再次创出当天的新低。

所以我们可以这样来进行判断：

情况①：收盘前半小时成交量就开始萎缩。结论：大卖单全部成交的可能性比较大。

情况②：接近尾市又出现盘中放量且再创新低。结论：那么大单子也很有可能完成。

情况③：最后半小时放量但在收市前几分钟突然缩量。结论：单子并没有完，明天将继续抛售。

以上分析了几种状态并给出了大致的判断方法。

现在绝大多数的股票成交稀少，因此要完成一张卖出的大单子是比较困难的。如上面所分析的状态 C

中的交易员如此这般的出货是比较简单的一种，但效果往往是最差的，因此有些操盘手还是会想一些办法，比如做一次超短线的主力。

假设某股票日成交在50万股以下，价格7元，现在必须在一周内卖出150万股，底线是6.30元，同时大盘以盘整为主。

如果要在第一天就想出完的话，股价会封住跌停，而且还出不了多少，然后操盘手再天天等着股价回升到6.30元出货，一周后肯定完不成任务。

现在操盘手可以用做超短线主力的方法来完成这张大卖单。

由于收盘价在7元，因此当天在6.65元的上方可以出掉一些，考虑到已经有5%的跌幅，会有一些买单进来，一旦有就坚决出，市场上的抛盘还不会接受这样低的价格，所以能够出掉一些，但离完成任务还很远。

在接近收盘时照顾一下收盘价，绝不要让股价停留在最低价附近。所以就会买进一些筹码，要求做到买进的筹码越少越好，比如限制在2万股以内。

第二天或者第三天要做的就是绝不主动往下打压出货，但一旦下方出现较大买单则即刻砸掉，然后利用最后一小时交易时段翻手做多，上档可以挂一些自己的大单子以便于制造成交量。特别要注意收盘价，尽可能做高，但绝不是最后一笔做高。

这样经过一到两天的努力，收盘价应该回到 6.78 元以上。

接下来的一天就是“养而杀”了。一般在 6.65 元以下会出现较大接盘，坚决出，最后一路杀到 6.30 元，当天可以完成任务。

这种模式的效果比较好，现在还在用，因此我们要了解这种模式，这对于我们判断这张大单是否完成有重要作用。

注意，在第二天甚至第三天该股的成交量已经接近平常的成交量，但绝不可轻易认为大单已经完成，因为盘中有人护盘，这是不正常的。只有当成交量恢复如初而且又没有护盘动作时才说明大单已经完成。

大单的出逃并不一定表明上市公司有问题，比如基金为了对付赎回等原因不得不卖掉一些筹码也是有的。

如果是这种情况，我们按照既定方针，持有的继续持有，要买进就买进。我们的交易策略并不会因为某些大单的出现而改变，只有上市公司的基本面发生了变化才会导致我们改变策略。

十六、大抛单的背后

以下案例同样来源于一次亲身经历。

某日因市场交投清淡而无聊地看着盘，忽然接待小姐来找，说有一朋友死活要打电话给我。本来在交易时间内是不接电话的，但现在反正闲着也是闲着，便告知让电话转进来。

因前期听从我的推荐，朋友重仓持有某股，不料现盘中有变，跌幅明显超过大盘，朋友的心理承受能力正在经受考验。

该股从起步算起已有四成以上升幅，存在见顶的可能，但也有中途换手或者继续上涨的可能。

几乎所有的股票在上涨的过程中都会有回落的行情，这在市场中往往被称为“洗盘”。

我一直坚持的观点就是“题材不尽行情不会完”，前面已经提到过。目前该股高速增长的业绩还没有体现出来，谈论“见顶”似乎过早，因此“洗盘”的可能性较大。

“洗盘”经常被主力采用，一般被理解成震仓，就是让已经获利的跟仓筹码出来。其实“洗盘”的主要作用是通过股价的回调震出获利筹码，关键是要让新的买盘进场承接，最终目的是提高市场的平均持筹成本。任何投资者都知道，获利盘抛起来非常干脆，一有风吹草动就会出来，但被套筹码就会犹豫。这样经过换手以后外面浮动筹码的成本提高了，主力向上推升股价的压力就会相对小一些，这是“洗盘”的真正用意。

判断“洗盘”并没有一定的方法，关键就是“交易的自然性”这一个特征。

该股前一天收在 9.07 元，现在已经接近交易的尾段，指数在回落之后重新回升，但该股已经杀跌到 8.82 元。这时的接盘状况是 8.82 元 2 万余股，8.81 元 4 万余股，8.80 元 10 万余股，以下两档只有几千股。而上档五个卖出价位只有 8.88 元有 1 万余股，其余皆小于 1 万股。该股流通盘 1.3 亿股，压盘正常，但接盘并不正常。

按惯例，在最后的几分钟里股价应该有所回升，如果主力愿意，打到 8.88 元易如反掌。

但事实并非如此。

一笔 7 万股的单子将 8.82 元的接盘砸掉，8.82 元变成 4 万余股的压盘。

注意，在 8.81 元上有 4 万余股的接盘，所以只要降低 1 分钱这张单子就可以全部成交。

立刻又是几笔单子将 8.81 元的接盘砸掉并使得 8.81 元成为近 2 万股的压盘。与此同时压在 8.82 元的单子却没有动，并没有撤下来。

最后股价收在 8.80 元的当天最低价。

整个过程中一笔 8.82 元的抛单是最为关键的一个细节。

目前该股处于两年半以来的高位，所以抛出来的肯定都是获利盘。这张卖单价值 60 万元，因此降低 1 分钱只是少赚 400 元，很难想像抛单的主人会在乎这 400 元。而接下来的几笔万股抛单几乎同时出现，更是蹊跷。收盘时在 8.80 元仍有 11.43 万股接盘，而在此之下接单其小无比，显然市场真正的接盘并不大。因此唯一的解释就是有人在故意交易。

由于“交易的自然性”受到了挑战，我们有理由怀疑交易的真实性。

市场一直在讨论主力如何把股价往上做，但就是没有注意到主力有时侯也是会往下做的，本例就是一例。

由于在 8.80 元以下的接盘很少，所以一定是真实接盘。我已经说过很多次，主力无法让真正的市场成交量缩小。这样前面在 8.80 元、8.81 元和 8.82 元上面的接盘就值得怀疑了。一般说来 8.80 元的整数位会有一些接盘但最多也不会超过 2 万股，现在超过 10 万股就是明显的失真。

无疑，这些接盘都是被故意放在那儿接纳市场抛盘的，而 7 万股的单子只是为了将股价压在 8.82 元以下。

意图很明显，绝不让股价回升，让持筹者产生恐慌，最后将筹码倒出来，这样市场上的获利筹码就会不断减少。

这属于“洗盘”的一种，是在一个相对高位的强行震仓。

有时候主力或者机构为了买进较多的筹码也会采用这种方法，或者是在底部但也有可能在相对高位。

事后证明这的确只是一次短暂的小规模“震仓”行为，因为该股第二天已经重回 9 元上方。

十七、阻截式大单

盘中出现大单是常有的事，而且也正是我们所希望的，只有大单的出现才说明市场的活跃，因此我们不得不把更多的精力花在大单的研究上，尤其是一些非常有特点的大单。

本节我们将把目光对准一种极其特殊的大单，我把它称为“阻截式大单”。

有时候会在盘中出现这样的情况：上档都是大抛盘的压单而下档却全是小接单，但值得注意的是第一接盘却是一档大接单，而且在一段时间内这一张单子还顶在那里。我把这一档接单称为“阻截式大单”，意思就是因为这一张大单使得股价无法下跌，这张大买单起到了阻截股价下跌的作用。

图 17–1 是一个比较典型的“阻截式大单”案例。

从图中看，上档五个卖出价位的挂单都在 100 手以上。但下档的接单则不同，除了第一接盘价位 3.38 元以外，其他价位的挂单都在 100 手以下，而第一接盘价位 3.38 元却有着 344 手接盘。

卖⑤	3.43	173
卖④	3.42	137
卖③	3.41	285
卖②	3.40	786
卖①	3.39	110
买①	3.38	344
买②	3.37	10
买③	3.36	50
买④	3.35	72
买⑤	3.34	68

图 17–1

图 17–2 是又一个比较典型的“阻截式大单”案例。

图中显示，上档从 6.49 元到 6.53 元都是大抛盘，其中第四价位甚至挂有 1788 手抛单。反观下档接盘，只有第一价位的接单有 291 手，算是大的，其他都在百手以下。

第一接盘价位的大单子是分析这种现象的重要细节。

现在我们来分析这种现象。

首先分析抛盘。

卖⑤	6.53	274
卖④	6.52	1788
卖③	6.51	632
卖②	6.50	410
卖①	6.49	161
买①	6.48	291
买②	6.47	79
买③	6.46	33
买④	6.45	19
买⑤	6.44	25

图 17-2

由于下档除了第一接盘以外其他的接盘都比较小，因此第一档的大接单其实是无法起到“阻截”作用的，任何一张准备抛出来的大卖单绝不会因为有这么一张大买单而放弃卖出，反而有可能会因为有这么一张大买单而立刻砸出去，因为大抛单就喜欢有大接单来迎候。

但我们没有看到大单砸出来，而且这种状况持续了一段时间。所以我们可以得出这样一个结论：

市场上想抛的大单不多，或者说市场本身的大单已经不多了。

再分析买盘。

既然第一接盘比较大，而且短时间也没有变化，那么市场的买单要想挂在下面的话成交比较难，如果希望在短时间内成交的话就应该对准第一卖单去打，因为第一卖单本身也可以满足市场的买单。从这里我们又得出一个结论：

市场上真正想买的单子会对准上档的第一大抛单打。

再进一步深入分析。

前面得出结论是“市场上想抛的大单不多”，这只不过是一种逻辑上的推论。一般情况下，不论股价在什么位置，哪怕是在多少年来的地板价，市场上总是会有想出来的大单子。但现在确实没有大单子出来，那只能说是条件变了，说确切点，不是没有大单子抛出来而是市场上根本就没有多少大单子！

大量的单子已经被主力封存，所以结论就是主力的仓位已经相当重了。

既然这样那么上档的大抛单毫无疑问都是主力自己的。

我们得到的第二个结论就是“市场上真正想买的单子会对准上档的第一大抛单打”，而第一大抛单中的大部分一定是主力的，因此推论就是：主力希望市场将自己挂在上面的单子打掉一些。

现在我们清楚了，“阻截式大单”只是主力的一种操作手法而已，其真正的目的无非是希望市场能够将第一卖单打掉。

至于上面的抛盘到底有多少是主力的还是市场的，仅从“阻截式大单”这一点还很难看出来，但如果第一价位经过市场消化以后不断有压盘出来，那么其中的大部分应该是主力的。既然主力愿意甚至是希望市场消化自己的单子，那么主力就是不愿意再增加仓位，所以现在肯定已经不是主力的建仓阶段。而且这与主力的成本区也没有关系，主力的成本也许更高也许更低。但由于“阻截式接单”还是有可能成交至少能够成交其中的一部分，因此目前的价位在主力看来并不是很高，迫不得已增加一些筹码也是可以接受的。

总而言之，“阻截式大单”的出现表明盘中有主力在运作，主力的仓位相当重而且认为目前的价位并不是很高，但主力希望通过适当的换手来提高市场的持筹成本。

现在我们已经知道了现状，接着要分析主力的意图了。

主力用“阻截式大单”这一招是有很明显的意图

的。

从交易过程看，市场已经没有抛盘，上档的大压单似乎永远也不会下来，明显是主力故意压在上面的，也许上档根本就没有什么压盘，因此主力可以轻而易举地往上做。

既然主力将要往上做，那么我们就应该马上跟进，买进第一价位的挂单，然后等着主力往上做。这是主力通过挂出的大单子希望告诉我们的信息。

可是我们还有一个问题没有解决，那就是主力告诉我们的是真话还是假话。

由于我们并不清楚主力的成本，也不知道主力的资金状况，因此主力的真实意图我们并不了解。“阻截式大单”只是让我们知道了主力的表面意图，但其真正的意图必须靠我们自己来判断。

其实光靠“阻截式大单”是无法真正了解主力的意图的。

假如主力被套，股价又是节节下跌，那么主力用“阻截式大单”方式进行出货是一种经常使用的方法。

我一再强调，任何一个细节的研判只能得出一些部分结论，但一个细节是无法决定一次投资行为的，任何一次正确的投资决策一定是建立在多个细节的研判上。

十八、小单的真实感

一般来说，如果大盘没有大的动静，个股也没有消息面上的变化，那么个股的这上下五个价位的接抛盘的绝对数量不会很多，接盘和抛盘的差距也不会太大。因此如果出现了巨大的接抛盘，如果单向出现巨量接盘或者单向出现巨量抛盘，那么就是非市场性因素在作怪了，所以容易引起市场的关注。因为其中非常有可能出现了主力的身影，而主力的出现则必定能够活跃市场。

对于比较专业的投资朋友来说，巨大的接抛盘演变对于我们了解二级市场的股票特性起着重要的作用。

比如该股是否有控盘主力，主力是否在活动，主力是否被套，主力资金是否充沛，主力是否有推高股价的意愿等等。

本书在前面已经讨论过一些大单的情况。

如果没有主力，完全就正常的交易过程而言，一旦出现过大的挂单就表明有更多的资金或者筹码介入，而目前大盘或者基本面并没有明显的变化，那就说明有一些投资者已经对未来的个股基本面变化有所了解，或者有一些投资者对大盘已经开始明显看好或者看坏，也就说明该股的基本面将会发生一些变化，或者是市场的整体会发生一些变化，因此在事情没有明朗之前，市场已经在悄悄告诉我们了。而市场上的主力呢，自然非常了解投资大众的习惯性思维，为了达到吸引买盘或者卖盘的目的，就一定会在挂单上做文章。

本书反复强调，“K 线图是主力与市场对话的唯一方法”，也就是说主力只有通过 K 线图才能与市场进行对话，才能告诉市场一些东西，包括谎言。而构成 K 线图的最原始数据就是上下五个价位的挂单，这样一来，主力要与市场进行对话的第一步就是在挂单上做文章。

通常情况下我们会讨论主力通过在挂单上做文章从而达到吸引市场注意力的目的，但本节谈的却是同一个问题的另一个方面。

当我们在分析主力的手法时应该想到，不管在挂单上做什么手脚，有一点是可以肯定的，那就是主力只能在原来市场挂单的基础上增加筹码。也许主力还会将自己挂上去的筹码撤掉，但我们知道这一点：

主力绝对没有办法减少市场上已经挂出来的筹

码！

反过来说，如果所有价位的挂单都非常小，那么这些接抛盘的数据就应该是市场上真实买卖意图的反应，至少该股当前是没有主力运作。

这是一个否定的结论，似乎否认了主力的存在，似乎没有必要去关注这家股票了。其实不然，因为挂单的状况是与时间密切相关的。随着时间的推移挂单也在不断地变化着，所以这个看似否定的结论在看盘过程中起着重要的作用，关键是投资朋友有没有想到。

举个例子。

某股以前交易一直比较清淡，挂单的数量一般都是几千股为主。但当天情况发生了变化，股价在 8.26 元以下波动，上档每高一分钱都有挂单，最高能看到的价位是 8.30 元，五个价位已经全部都是几万股的挂单，下方的接单也是同样的数量级，显然有主力在其中活动。

随着交易的进行，交易起了变化，一改前面成交和挂单都比较清淡的样子，万股以上的买单开始进场扫货，股价则逐步开始往上移，使得原来看不到的卖盘价位出现了，从 8.30 元一直到 8.40 元，而且其中并非每隔一分钱都有挂单，也就是说有几个价位是没有挂单的。特别值得注意的是上档的挂单除了 8.40 元以外都是几千股以下的小单子！

我们已经牢记：主力绝对没有办法减少市场上已经挂出来的筹码！

因此我们得知：

结论 A：这些少量的抛盘是市场上真正的的抛盘。

结论 B：前面的大一个数量级的接抛盘中的大部分系主力故意所为。

结论 C：主力通过放量告诉市场该股要上涨，但不知主力告诉我们的是真话还是假话。

我一直强调，分析细节只是整个投资决策过程中不可或缺的一环，但仅通过某个细节的分析是不可能做出最后决策的。

本案例在交易中出现的一次真实的小量只是多个细节中的一个，但这个细节对于某些特殊情况却有着重要的意义。

比如投资朋友手中有一张 80 万股的单子想出掉，那么这个细节就会起到决定性的作用。

根据该股平常的接抛盘的数以千股为主的情况，日成交不会在 100 万股以上，因此 50 万股以上的单子很难出掉，不要说一天，就是两天甚至三天也难以如愿。尽管当天盘中出现大量的接抛盘，但由于股价在上升的过程中出现了上档没有大单的情况，说明该股仍然是一个不受市场关注的冷门股。主力运作的目的很清楚，就是希望市场跟着买进。对于未来的态势，主力是否会继续拉升股价无法确定，但主力肯定有不再继续推升股价的可能。一旦主力放弃，成交仍将回归平静，手中的单子依然无法出局。考虑到目前的价位本来就是准备出货的价位，既然遇上主力做量，不妨趁此一抛了之。

当然，具体的操作还是要非常讲究策略的。

不能在上方挂出大卖单，即使上面已经有大卖单也不能挂。几乎可以肯定上面挂的是主力的大卖单，因此一挂上去就会被主力察觉，而主力一旦放弃运作，成交又会清淡，造成无法继续出货的局面。

最好的方法就是在主力运作的最热烈的时候，也就是接抛盘都比较大的情况下一笔将接单全部砸掉。由于是一笔单子，所以主力会以为就这一张大卖单，不管愿意还是不愿意，反正不接也已经接了，主力还不至于放弃运作。所以这种手法可以来两次，但最多也就是两次，当第二次砸出去以后主力通常就会放弃运作，因为主力相信后面还会有更多的大单子砸出来。而在第二张单子砸出去之前应该用极分散的小单子不断出货，等到第二张单子出去以后就应该是完成任务了。

有时候一个细节也可以决定一次重大的投资行为，可见细节的重要性了。

当然，当我们坚持小单子的真实性时也不要忘记了例外的情况。

有一种情况是特例，需要说明。

在以前的庄股时代，有时候即使是非常小的挂单也完全有可能是主力所为。因为有些主力做过了头，将筹码悉数纳入怀中，外面几乎没有筹码，如果主力连小单也不挂出去的话可能上下挂单都没有了，那是非常悲惨的。现在这种情况还有只是非常少罢了。

数年前我的一位操盘手朋友替人操盘，也是这种情况。

上档的空虚向我们泄露了市场的真正情况，这其实是主力的疏忽，只要主力细心一点这种漏洞是不会泄露给我们的。

做法很简单，在股价上推的过程中一路将大单子压上去，这样也就不会有小单的情况出现了。

我只想说明的是当我们将主要精力都放在研究大单子的同时也不要忽视了小单子的现象，无论怎么说，小单子的真实感更强。

十九、巧妙撤单

面对某些股票的走势，我们经常会问：有主力在其中活动吗？要得出最终的结论确实比较难，每个人会有每个人的判断标准。但有一些基本的方法是共同的，比如我们在行情的演变过程中所看到的上下五个价位的接抛盘是否真实就是一个基本点。

如果挂出来的接抛盘有很多是主力故意挂出来的，那就是有主力在其中活动了，因为这些挂单不是市场的自然挂单。当然，如何判断挂单的属性也是各有高招，本节我们就会遇到其中的一种情况。

从性质上来说，挂单其实应该分为静态和动态两种。

在某一个时点，我们所看到的盘面上的接抛盘其实是一种静态的挂单状态。但市场交易期间，不断会有新的挂单进场，因此挂单会出现变化。随着交易的进行，股价会波动，或者上涨或者下跌，原先在某一个价位看到的一些挂单，过了一段时间会因为价位的变化而看不到，也许我们会把它忘了。

下面的案例是提醒我们细节的重要性。

图 19-1 是一次非常平常的瞬间静态挂单状况。

从上下档的接抛盘数量来看，上档是非常明显的大单压顶，卖出价从 5.39 元到 5.43 元。而下档是不超过两位数的接单，买进价从 5.34 元到 5.38 元。

卖⑤	5.43	252
卖④	5.42	345
卖③	5.41	310
卖②	5.40	275
卖①	5.39	422
买①	5.38	55
买②	5.37	46
买③	5.36	61
买④	5.35	12
买⑤	5.34	22

图 19-1

图 19-2 是在图 19-1 后过了一段交易时间后的又一次静态挂单状况。

由于股价下跌，图 19-2 显示上档最高的第五卖出价也只有 5.37 元，低于图 19-1 中最低的卖出价 5.39 元，所以原来上面那些大挂单从逻辑上来说是看

卖⑤	5.37	21
卖④	5.36	8
卖③	5.35	10
卖②	5.34	43
卖①	5.33	56
买①	5.32	9
买②	5.31	20
买③	5.30	15
买④	5.29	40
买⑤	5.28	25

图 19-2

不见了。

接着股价又回升，逐步回到了原来图 19-1 的位置，此时静态的挂单状态如图 19-3。

我们能够从图 19-3 中发现什么？

似乎没有什么不正常的。

的确，图 19-3 本身并没有什么特殊的地方。但如果我们还记得图 19-1 的话就会发现一个细节：

图 19-1 中上档那些乌云压顶的大挂单哪里去了？

大挂单的神秘消失是本案例的重要细节。

细节，还是细节。如果我们对这家股票感兴趣的

卖⑤	5.43	98
卖④	5.42	32
卖③	5.41	61
卖②	5.40	22
卖①	5.39	54
买①	5.38	32
买②	5.37	12
买③	5.36	32
买④	5.35	120
买⑤	5.34	6

图 19–3

话，必须注意它的任何一个哪怕是极其微小的细节，这些细节一般都是不合常理的。

如果一定要从市场层面去解释，那么也不是不可以。比如在股价下跌以后，前期挂在上面的大单子都被撤下来按下面的价格抛掉了，或者随着股价的回升挂单又不愿意卖出了。

然而这里并不是一个或者两个价位的挂单，它至少有整整五个价位的大单子！显然我们更应该把这些挂单的消失看成是一次集体行动，换句话说这些挂单的持有者应该是一个人，而这个人就只能是主力了。

这些大单子神秘失踪的唯一解释，就是盘中有主力在运作。

主力运作的意图有两个，一个是要告诉市场股价即将怎么样，一个是通过告诉市场一些东西来达到主力自己的真正目的。

现在我们来分析主力的第一个意图，主力要告诉市场什么？

回到图 19–1，上面五个价位都压着大单子，现在已经可以确认是主力故意压上去的。既然上面有那么多的抛盘，那么就是“抛压很重”，“股价应该往下跌”。千万不要忘记，这是主力通过挂单告诉我们的，但此时我们还无法知道主力说的是真话还是假话。

经过图 19–2 到了图 19–3，大挂单消失了，这个细节其实已经告诉了我们主力的真正目的。

既然没有大挂单，说明交易没有受到非市场性因素的干扰，所谓“小单具有真实性”就是这个意思。

现在我们再理一下思路：

前面主力在上面挂出大量的挂单，让股价下跌。在股价回升以后却不再挂出大笔的压单，似乎不再忌讳股价往上走。

主力为什么要股价下跌呢？

如果是在建仓，那么主力应该一直把大单子压在上面，一直让市场产生股价要下跌的感觉而不是现在这样压了一会儿就放弃了。所以基本上可以排除主力建仓的可能。

现在就剩下两种可能：或者主力是想让股价探一下当天的底部（也许是为了技术面上的需要），或者主力是为了让某一张非主力的买单（比如老鼠仓）吸货。

以上两种可能是主力真正的目的。

通过这一个细节的分析，我们还可以得到另外一些结论。

结论 A：盘中有主力在运作。

结论 B：主力不愿意在目前这个时间段或者价位进行对倒。

结论 C：主力并不是仓位十分重的强庄。

结论 D：主力不愿意在此价位将筹码让给市场。

结论 B、C、D 我不再一一分析，但结论是可靠的，有兴趣的投资朋友可以自己试着进行分析。

还是要重申一次：一个细节的分析结果不一定能决定我们的投资决策但可以告诉我们很多被交易表面所掩盖的东西。

最后再提一个小问题：

主力为什么要在上档价位（图 19-1 中的 5.39 元到 5.43 元）看不见的时候撤单呢？

比如说主力可以到图 19-3 以后再撤单，那会怎么样？

那就会被市场看见，市场就会想到这些挂单被主力操纵，主力的身影就会显现出来。

我们又得到一个结论：主力希望市场认为该股没有主力。

这就又有几种可能性，比如主力还不会进入拉升，比如主力已经被套而无力自拔等等。

本案例的撤单方式是非常有效的，基本上可以骗过市场，我自己也频繁使用过。它的起因就是投资朋友很少会连续注意观察盘中的接抛盘变化，包括同一价位的大单变化。

二十、下空走势

有一些特殊的挂单形式会经常出现，了解这些形态对于我们职业操盘手来说是非常有用的，至少可以在看盘时节省大量的脑细胞。

本节提到的一种挂单类型是属于经常会出现的一类，我把它命名为“下空”类型，该股当天的走势也就定名为“下空走势”。

这种类型非常好记，它的特点是大抛单与小接单共存。在上下各五个挂牌价位中，上档五个价位的抛盘全部都是大单子，而下档五个买进价位上的接单全部都是小单子。

本书前面提到的“阻截式大单”与此不同，在“阻截式大单”中第一买进价位是一张大买单。

以下是典型的“下空走势”案例。

图 20-1 三一重工（600031)后改为 G 三一，2005 年 6 月 15 日开盘后某一时段的即时买卖挂单状况。

图中显示，上档几乎都是接近10 万股的卖单，相对于卖单，下档买单却都在万股以下，第二档接单甚至不到 1000 股！

卖⑤	23.28	843
卖④	23.16	584
卖③	23.00	958
卖②	22.98	754
卖①	22.85	831
买①	22.72	85
买②	22.61	8
买③	22.60	60
买④	22.55	25
买⑤	22.38	12

图 20-1

由于下档的接单相对于上档的抛单显得非常空，所以我把它定义为“下空”类型。

我在本书的前面反复强调“小单的真实性”，实际上所谓“下空”其意义并不是下面的接单太少（太少恰巧是真实的）而是上面的抛单太多。因此到底是否属于“下空”类型，还必须研判其上面的抛单是否真的太多。

本案例的个股是三一重工(600031)，该股当时的流通股是 6000 万股，对于这样的流通盘在当时应该归属小盘股一类，因此图 20-1 中的接单应该是比较正常的，相反上档如此大的压盘肯定不正常。

图 20–2 是该股当天的分时走势图。

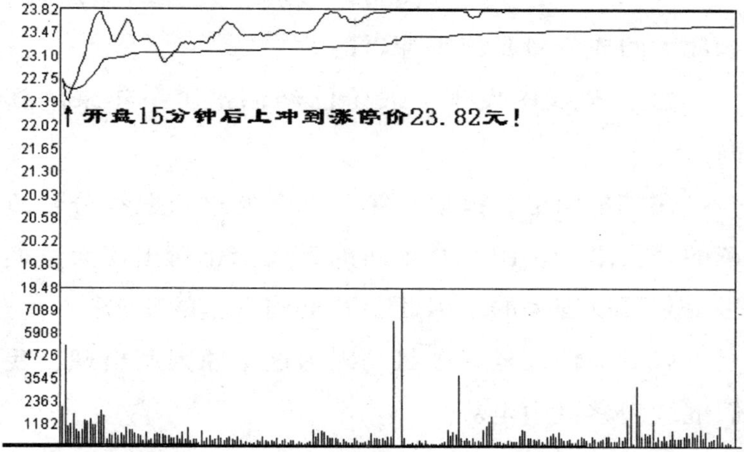

图 20–2

细心观察可以发现，在跳高开盘以后其接抛盘的状态就基本上以类似图 20–1 中的“下空”类型为主，然后在 15 分钟后股价一路冲到涨停价 23.82 元，随后回落震荡并最后仍然报收涨停价。

在这前 15 分钟里，上档五档价位的压盘全部都是黑压压的一片，每一个价位上的压盘都在 5 万股以上，但反观下档的接盘，五个价位没有一个是超过 1 万股的，这是典型的“下空”走势。

从逻辑上来说，有那么多的压盘表明市场卖单很多，股价应该下跌才对，但本案例的实际走势是冲进来的买单一路将上档抛盘全部打掉。

以当时三一重工（600031)6000万股的流通盘，如此大的成交量是值得探讨的。

通过K线图发现，股价已经创出了一年来的新高。

在基本面上，该股是第一批开始进行股权分置改革的公司之一。由于基本面的重大变化而出现大量换手也是可以理解的，因此会有上档大量的压盘。

假设上档大量的抛盘是因为这个原因而出现，我们继续观察盘中走势。

随着上档大卖单不断地被市场上涌进来的大买单即时打掉（即主动性打掉没有挂单），股价也不断上冲，因此新的更高的价位不断出现，新的大卖单也不断出现。

这里我们注意到一点：所有的大卖单都没有超过10万股的，也就是说尽管8万股甚至9万多股的压盘屡屡出现但就是没有10万股以上的单子。

接近10万股但就是没有10万股的单子，这就是本案例的细节。

如果意识到这一点，你就会感觉到这是一个极其不正常的现象，唯一的答案就是这些挂出来的大卖单是被人为操控的，绝不是因为基本面的变化而自然出来的。

现在我们再回到买单上面来。

既然是“下空”走势，那么下面的买单自然是小的，可问题的关键是成交量依然很大，上档的大卖单确实是被买单打掉的，因此只能解释为是大量的市场买单都是直接对准卖出价报的。

既然是大量换手，那么市场上的单子为什么都直接对准卖盘打而就是不愿意在下面接？

现在行情刷新的速度可高达1分钟10次，也就是每6秒钟一次，因此我们可以更细致地进行行情的实时观察。

三一重工（600031)在一开始的15分钟“下空”走势中，下档的接盘也是一直在变化中，其中并非没有出现过万股以上的接盘，甚至有几次2万多股的接单。但最多在半分钟之内，有时甚至快到下一笔行情传过来这笔相对大一些的接单就没有了。

是撤单了？不可能全部都是一挂就闪电般撤单，这不符合常理，就是偶尔一次的撤单也不会怎么快。

唯一的解释就是这些大接单一出现就被成交了，要知道主力可以通过某个场内马夹在第一时间将下档突然出现的大接单成交了，而普通投资者是没有这么快的条件的。

结论是很明显的，一定有主力驻扎其中，而且主力介入的程度较深，上档的大压单肯定会有很大一部分是主力自己的盘子。主力通过对倒的方式在拉升股价，因为不愿意大量增加筹码所以下面不敢接大买单，而且一旦下面出现稍大一些的接盘立马被主力“喂”掉。

通过这种“下空”的走势，主力的目的就是告诉市场该股的题材不错，现在正在放量上冲。

既然确认了三一重工(600031)有主力在运作的性质，结合基本面我们还会有另外的收获。

股权分置改革之后大股东的筹码将逐步进入流通领域，但盘中主力却将其作为利多在利用，而且其大股东表示在股权分置改革之后要增持流通股。如此看来其主力或者至少是主力中的一部分，很有可能具有大股东的背景，因此最后承诺的增持流通股，无非是把流通筹码从普通的 A 字账号换到大股东的法人 B 字账号而已，只不过多了一次更广泛意义上的对倒。

从这个角度考虑该股股权分置改革方案的高票通过也就顺理成章了，因为大量具有决定性投票权的流通股在主力的手中，当然是能够决定成功还是失败的。

由此联想，当时同批的清华同方(600100)股权分置改革方案流产，很有可能是因为盘中主力与大股东无关，股改方案很有可能是被主力否定的。

这里说了一点题外话，现在再回到“下空”的话题。

本案例中的“下空”走势有一个具体的特征，就是股价一路上冲。显然，这种情况一定有主力在其中运作，而且主力出货的意愿较强，我们如果要跟进的话还必须依赖更多的其他理由，否则一定要三思。

有时候“下控”走势并不一定就是一路上冲，甚至股价根本就不会往上走，大量的大抛单压在上面长时间也没有成交的，股价只是在大抛单的下面成交。

这种情况还要区别对待和具体分析，特别要关注其中的细节。

一般的情况是主力通过挂出不同一般的大抛单来告诉市场：有主力在其中活动，也许主力马上就会把上档的压盘打掉让股价一飞冲天，市场最好的选择就是马上进来抢进上档的大抛盘，否则就来不及了。

其实在这种情况下主力说假话的可能性很大，主力真正的目的是想减掉一些仓位。不过尽管主力说了假话但还是透露出一些信息，比如就目前的价位而言市场上的获利盘并不多，否则的话市场上真正的大抛盘就会将股价压下来。

因此，对于这种“下空”走势，尽管我们不能盲目跟进，但也不必担心股价马上会下跌。

二十一、间断性交易

间断性交易是我个人为一种非正常市场性交易所下的定义。

仅从字面上理解，间断性交易是一种断断续续的交易状态，这在清淡的交易中非常普遍，尤其是在长期的调整时期，很多股票的交易都是断断续续的，这似乎难以引起职业操盘手的注意。

的确，清清淡淡的交易很难吸引投资人，但我这里所说的间断性交易并非指这种冷清的交易，正好相反，我所关注的是交易相当活跃的股票。

交易活跃的股票也有间断性的交易？答案是肯定的。

分析以下案例会给我们一些启示。

图 21-1 金宇集团(600201)2005 年 6 月 8 日的分时走势图。

2005 年 6 月 8 日，大盘在下破千点后反弹之第三天，暴涨，上证指数有 8.2%的升幅，盘中涨停个股无数。金宇集团(600201)在当天的午后一度上冲涨停价 4.72 元，即图 21-1 中的 A 点，但最后没有以涨

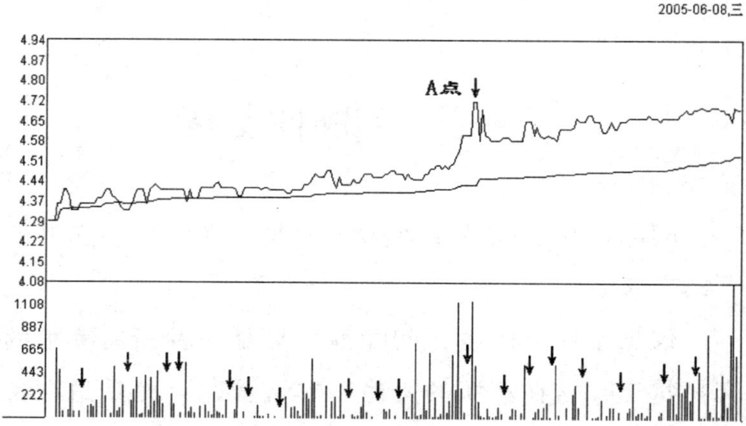

图 21-1

停价报收，收盘价在 4.69 元，升 9.32%。由于上涨幅度相当大，所以全天成交 317 万股也在情理之中。

该股流通盘为 1 亿多股，在当前的市场中属于中等水平，成交 317 万股，相对于平时来说是绝对属于比较大的量，给市场的感觉似乎是随着大盘的上涨也带来了市场上大量的追涨买盘。

且慢，所谓“市场上大量的追涨买盘”这个结论先放一放，因为有一个非常不引人注意的细节引起了我的注意。

仔细观察图 21-1，在我标出［↓］的地方出现了什么？

交易暂时停止了。

现在一般的行情显示软件最小的单位时间间隔是1分钟，因此连续的交易实际上就是指每一分钟都有成交，也就是说每一分钟的成交量都大于零。

将时间间隔单位定为1分种，那么一天的单位交易时段就有4个小时共240分钟。

以金宇集团（600201）一天317万股的成交量计算平均到每分钟就是13000多股，这绝对不是一个小数字，因此就结果而言，这天确实是有交易活跃的感觉。

如果换了另外一家类似的股票，也许我们会发现该股整天的交易一定是连续的，即使有一些断裂那也不过是偶尔发生一二次。但在本案例图21–1中，随随便便就标出18个［↓］，也就是说交易起码停顿了18次以上！

如果再仔细一点观察，在全天交易时段内居然有14次每次连续3分钟没有成交量。

这14次每次3分钟的停顿加起来总计有42分钟，这就已经有42分钟没有成交了，占到全天240分钟的17.50%！

这里还仅仅只是统计了连续3分钟没有成交的时段，还有许多2分钟和1分钟没有成交的时段并未统计在内，如果再加上1分钟内成交不足1000股的零星散单，那么这个比例还将大幅度提高！显然：

间断性交易是本案例的一个奇怪细节。

既然有那么多的时段成交为零，但全天的成交量仍然巨大，唯一的结论就是在成交的时段内，每笔成交都比较大。

回顾当天交易所传过来的每一笔成交量可以发现，数万股一笔的成交单子随处可见。不错，该股当天的成交是以大单子为主。

现在我们必须解释这个奇怪的细节。

从 K 线图看，该股以复权价计算，从 10.80 元开始一路下跌，在 4 元下方回升，目前仍然属于一个长期的历史低位区。且不说哪来这么多的大买单，就是这么多的大抛单也是难以理解的。所以我们只能认为那些比平常大得多的单子绝不是来之于市场。

也许这样考虑过于武断，那么我们反过来想，假设这 317 万股是市场上的买单和卖单，那么其间的交易就绝不会是间断性的交易。

市场本身绝不可能相约在某一个时间段停止交易而在另一个时间段又拼命交易。

唯一的解释就是盘中有主力在运作，成交量是主力故意做给市场看的！

主力就是想通过成交量告诉市场：价涨量增，后市看好。

这里有一个问题要搞清楚。当我们把这些成交量中的一大部分归功于主力的时候我们必须知道，由于大盘上涨幅度很大而且个股已经跌得惨不忍睹，当天个股的这些涨幅是根本不需要这么多量的。

现在我们进入第二步，判断主力告诉我们的是真话还是假话。

既然大盘大涨，市场上其实抛盘也不会很大，与其造出那么大的量，还不如直接封住涨停板更好。但主力并没有这么做，唯一的解释是主力通过造量在吸引市场买单，但不可能吸引市场的抛盘，因此主力的真正目的就只能是减仓了。

主力希望减仓，而且也许已经减了不少，因此我们知道主力并不是刚刚建完仓，而且主力的仓位已经相当重。既然主力愿意在长期低位减仓，即使以后大盘走的再好，其股价的上升力度也将会打不少折扣。

主力对市场说了假话，主力的目的是边拉边减仓。

图 21–2 是本案例后来的日 K 线图，其中 A 点就是本案例当天的大阳线，中间一根折线是同期的上证指数收盘指数图。

图中显示该股后来的跌幅巨大，尽管上证指数后

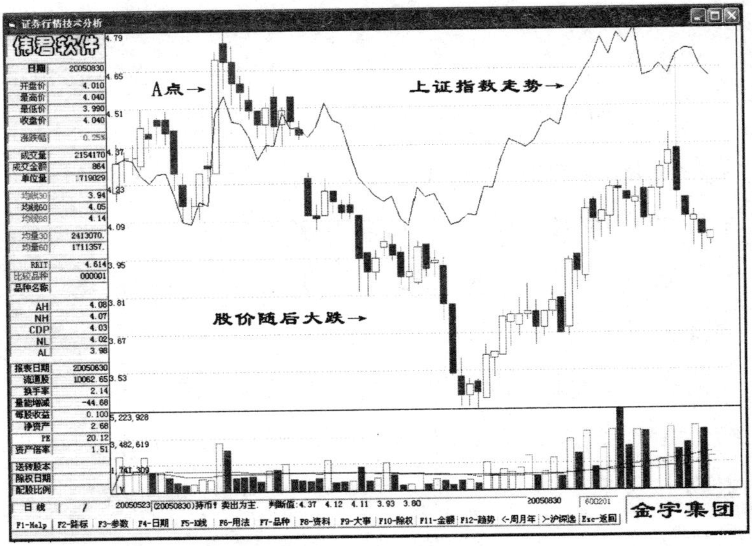

图 21-2

来并没有创出新低但该股却创出新低。

我们的判断是非常正确的，主力的用意只是出货。

也许投资朋友会有疑问，难道主力就不能再做得仔细一点把每一笔交易再分成几笔？

确实，主力完全有能力做到这一点，但我始终认为真正的职业操盘手是非常辛苦的。尽管有时候庞大的单笔交易会吸引市场的买单，但更多的时候还必须完全模仿市场的自然交易，将每笔的成交量压到甚至不足千股。如果当天要做出成交量大增的假象，那么交易的连续性是万万不可忽视的，否则是会让市场看出主力的做盘意图。

从目前的实际情况看，似乎能做到这一点的职业操盘手还真的不多。

这个小小的细节让盘中主力的原形露了出来，尽管这是主力极不情愿的。

二十二、闪烁的买盘

2003年8月6日，强生控股（600662）跳高9分钱以8.09元开盘，并伴以5万余股的集合竞价成交量，接近10天均量线的十分之一。

有没有可以找得到的理由呢？

通过报纸似乎找到了一条理由：一家大型传媒公司几天前，通过法人股的股权转让拍卖成为了ST金帝（600758）新的大股东，这两天ST金帝(600758)正在连续拉出阳线。

也许是受到ST金帝（600758）的启发，当天的《上海证券报》上有一篇关于看好传媒类股票的文章。

当时强生控股（600662）也正在经营一家传媒公司，具有传媒概念。

接下来的走势是这样的，随着ST金帝(600758)封上涨停，强生控股(600662)开始回落。由于前者本来就是强势股，5%的涨停板也是正常的，而后者作为跟风者上冲一段时间后回落也在情理之中，所以这并不是我所要关注的。

我所关注的是强生控股(600662)的股价在回落过

程中的一些变化，其实从那时开始 ST 金帝（600758）已经远离了我的视线。

在仔细观察强生控股(600662)股价回落走势过程中，我的主要精力放在接抛盘的变化上，因为我发现了一些奇怪的现象。

请注意，当时交易所传出来的接抛盘价位只有上下各三个而不是现在的上下各五个。

比如股价从 8.05 元回落，下档的三个接盘价位分别为 8.04 元、8.03 元和 8.02 元。由于当天放量，所以接盘都在三位数，也就是万股以上。

某时点 8.02 元有 135 手接盘，接着变成了 87 手，减少了 48 手，随后又变为 120 手，增加 33 手，接着又减少，又增加等等。一分钟后，在经过了若干次的变动这一价位上的接盘数量是 132 手，与原来的 135 手相差无几。

这并不是一次偶然事件。

实际上以下三个看得见价位的接盘数量始终在变，而且变来变去最后总是差不多。

在几十秒钟的时间里几乎有相同的单子既出又进，也许我们可以顽固地认为这是市场上单子不断地被撤掉而同时又有很多买单涌进来，恰好其总数在每个价位上都几乎相同。

如果我们这样想的话恐怕永远也做不好股票。

频繁的换单是本案例一个几乎不被人察觉的细节。

在一个很短的时间内，在同一个价位频繁的撤单然后又挂单，这只能是出于一个人的意愿而不是市场的自发行为，我们必须相信这一点。

现在的情况是存在某个人将前面的单子撤下来后又挂上去，假设挂单的数量就是撤单的数量，那么该价位的接单总量并没有改变。一般我们把这种人称为盘中的主力，否则就是一个脑子有问题的人。尽管主力并不是一个具体的人，但操作时完全有可能是一个人。

那么主力的目的是什么呢？

一个价位上的接单数量有时候并不是真的只有一张单子，特别是对于比较大的挂单一般都会是几张单子的组合。根据交易的优先原则，第一是价格第二是时间，因此在同一个价位上早挂进去的单子就排在前面，就应该先成交。

成交的规则已经告诉我们答案了。投资朋友想到了吗？

当前面的单子撤下来以后，后面的单子就排到前面去了，如果后面的单子还是自已的就继续撤单，直到其他人的单子排到最前面。

这是主力的第一个目的：让市场上已经挂进去的买单尽量成交。

如果一味的撤单，那么底下的接盘会越来越少，市场上新的买单也就不会再进来，而且抛盘会越来越大。于是再重新把单子挂上去，维持原来的总量，使得偶尔看一下接抛盘的投资者始终觉得接盘还是很大。

这是主力的第二个目的：吸引市场新的买单，威吓市场卖单。

说到底，主力只是通过不断地撤单和挂单手法，让盘中已经挂出去的市场买单先成交，同时也不失去市场接盘很大的假象。

既然我们已经注意到了这个细节，实际上也就识破了主力的假象，而且我们对于主力的一些背景其实是有了更多的了解。

基本面上有一些相关的利好，但只是一种非常缥缈的概念，在市场越来越理性的时代很难靠这种利好产生大的上升行情，因此该股不应该有大的动作。

现在既然出现大量跳高开盘，说明有主力藏身其中，目的是希望借所谓的利好推升股价。确实也会有主力借一些不着边际的利多消息，推升股价而最终获得成功的。

本案例在开盘后即慢慢回落（事实上开盘价就是最高价，但当时还无法肯定），这在当时也不能说明什么，也许回落以后还会回升。但在股价回落过程中的频繁换单这一细节告诉我们，主力非常希望市场上的买单进场，因此起码可以肯定该主力并不是刚刚建完仓的主力。

实际上由于当时的股价是该股四年来的新低，因此主力一定是被套的主力。

当然，主力这样频繁的换单，也许真正到了第一接盘价位时是会撤掉一些自己买单的，但无论如何还是有可能买进一些筹码，所以至少可以知道主力认为当时的价位即 8 元左右的价位，是一个可能成为底部区域的价位。

但无论如何这个盘中主力并没有准备一直往上做的迹象。

假如我们要做投资决策，其实已经很明确了。

的确，该股当天拉出光头阴线以 7.94 元下跌 0.06 元收盘，三个月以后该股跌破 7 元。

这里提出一个小小的问题：主力如何知道市场的接单排在第几张呢？

我们当然不知道，主力也很难知道，但主力完全可以有办法让市场上的单子排到最前面。

假如某价位上有 200 手的接盘挂在那里，其中主力只有 150 手的买单数量，其中一张是 100 手而另一张是 50 手。

因此主力将自己的两张买单全部撤下来然后再重新挂上去，这样就能确保市场上的 50 手单子(不管它是由几张合成)先成交。

本案例只是谈了买单的频繁换单这一细节。其实在卖单中有时候也会出现，但结果可能大相径庭。

如果卖单不断被撤掉又挂上，那么结果就是市场上的卖单先成交而且上档的卖压非常大，看上去股价难以上涨，当然这只是主力要告诉我们的，真正的目的极有可能是主力在将那些市场的卖单买下来。

主力正在大量地悄悄买进，其中含义不言自明。当然具体情况还要具体判断。

本案例提到了主力的目的是希望市场上的买单先成交，利用频繁换单方法让市场排在第一位的接单抵挡市场的自然抛盘，并不是主力自己要出货。

如果主力自己要出货的话是用不着这样换单的，因为换单以后主力的单子还是在后面，一旦主力自己将排在前面的市场买单吃掉了，那么只剩下主力的买单了，或者市场上直接抛出来一张大单子主力也得接下来。

因此主力自己要出货的话是不会采用这种方法的。

该股在三个月后下破 7 元以后随市场走好还是走出了一波行情，只是并没有走强于大盘，而且成交量放的很大，显示其中确有主力但并非大主力。反过来也验证了在本案例中主力也不是急于要出货。

二十三、不期而遇的买盘

本节以一个亲身经历的操盘细节为案例。

当时效力的公司决定在9元下方购进某股30万股。

公司属于私募类的投资公司，人员极少，投资决策过程与基金公司等大机构截然不同，一般由我这个操盘手和老总商量决定。

在具体的操作中也不像其他公司那样有类似的交易指令单之类，主要由我自己根据市场情况灵活掌握。

当时股价还在9元上方，于是根据大盘的表现耐心等了两天。如果股价一直不下来，那么我们也许就放弃了，毕竟市场不是由我们可以决定的。

两天后，股价果然跌破了9元，于是准备买进。

当时的情况是该股成交清淡，没有主力运作的迹象，股价的上下波动幅度也基本上跟随大盘。

再过了一日，股价继续下跌，收盘是8.65元。

由于近期的日成交都在30万股左右，因此完成任务的方法有多种。

如果不怕股价走势强于大盘，那么在一两天内完成任务是没有问题的，但这种方式的后果是一旦我们的买单退出，股价就会回落，我们的筹码马上就会处于被套的状态。尽管我们的目标是中期持有，但理想的状态还是买进以后就有账面盈利。

为了防止买进就套的后果，可以采取慢慢吸纳的办法，反正只是 30 万股的规模，最多也不会超过一个星期。如果大盘中间有一次较大的跌幅，那么完成任务的时间就会大大缩短。

显然，应该以低吸的方式接货。

开盘后大盘有一波杀跌，是一次不错的机会，于是便不断地在下面挂单子。由于下面的单子都是几百股，所以就挂一些几千股单子，同时密切关注市场上挂出来的抛单。如果抛单较大就分几次买入，时间间隔在 20 秒种以上。

这是一家在上海证券交易所上市的公司，当时该交易所行情刷新的间隔在 15 秒以上，因此每隔 20 秒钟打进一笔单子最后交易所一定会分开传输，让市场感觉这是两笔散户的买单。如果间隔时间过短，那么精心分开的买单还是会挤在一起成为一张单子。

如果是深圳证券交易所的股票则行情刷新的速度在 6 秒钟，不过现在上海证券交易所的刷新速度也已经等同于深圳证券交易所了，这是后话。

15分钟以后大盘止跌回升，而该股由于我的买单支撑，股价还只是略微有所下跌，当时在8.63元，仅仅下跌2分钱。现在大盘回升，这种成交清淡的股票其股价不一定会完全跟随大盘同步回涨，但至少抛盘会明显萎缩。

从买单方面分析，散户的买单一般都愿意挂在下面，除非是大行情，很少会有散户的单子追着卖单打。考虑到市场上的这个特性，我的策略是暂时停止买进操作，让第一卖出价留在上面，这样就能迫使散户的买单挂在下面，股价也就有可能不动，即使有一些着急的买单主动往上打也不会使股价上升很快，毕竟我没有大手笔的扫单。

按照我的经验，股价应该进入横向盘整状态，成交不会像前面下跌时那样大。等大盘回升势头减弱以后，我将再一次打入买单。

当时我转到了另外一家也需要关注的股票上，同时关注着大盘的走势。

大约1分多钟以后，大盘指数开始回落，我觉得时机到了，便回到原来的股票。

我看到了什么？

股价飙升，上档已经可以看到9元的卖出价了！

原来随着前面大盘的缓缓回升，主动性买盘不断进场，连续以几千股甚至万余股的单子向上扫货，现在的成交价居然是8.95元。

我还没有回过神来，老总的电话已经过来了，问是不是我们在干。

我回答说我们并没有追打，老总便以为股价要启动，让我赶紧追打，将9元下面的筹码通吃。

通吃就是将低于9元的抛单全部买下来，直到买足30万股为止。

有一句话叫做“绝不打无准备之仗”，就是说当时在并不知道对手的情况下不能轻易动。

必须先解释目前出现的意料之外的现象。

由于是主动性的买单一路扫货，因此一般被认为是主力所为，所以有可能是主力正好选择这一个时点开始拉升股价。

考虑到当天的具体情况，我在自己的买单上做了不少手脚，也许能骗得过市场但肯定骗不过主力（假如有主力的话），所以主力会有所察觉，关键原因是开盘后的一段下跌幅度远远小于大盘的下跌幅度。

在大盘的下跌过程中，该股并不是没有抛盘出来，只是被我买入而已，实际上当时是出现了一次小小的放量现象。这些接盘一定会让主力有所察觉，也就是说主力已经感觉到了有人在买货。但主力并没有采取让我们继续买进的策略，而是一路将上档的抛盘接头，这只能说明主力并不愿意我们在当时的价位买进筹码。

结论很明确，由于一些我们不知道的原因，主力不愿意在这个价位让人跟仓。

如果是这个原因，那么今天的股价将不再下跌。

主力将在9元甚至更高的价位等待我们的买单。

如果我们这么做，那么主力在前面拉升时段买进的9元以下的筹码，完全有可能在9元甚至更高的价位倒给我们，因为主力知道我们根本就不是主力，而且在我们买完以后主力也许不会再照顾股价，股价将回归下跌。

深一步想，如果主力倒给我们的筹码过多的话，还可以等股价回落以后再买回来。

主力居然可以利用我们的买单做一次倒差价！

也许是主力开始拉升？一段时间以来的细致观察告诉我，没有任何主力启动的迹象，甚至连盘中有没有主力也很难确定。

如果主力要启动一波行情，一定会有一些细节可以表现出来。这些细节可以体现在基本面的变化、成交量的变化、盘中实时接抛盘的变化等等，但这家股票一点也没有。

没有细节其实也是一个细节。

在我的坚持下，我们没有追，静观其变。

在10点半的时候，股价从9元开始回落，此时共成交了75万股。

由于下档接盘很少，股价很快跌破8.88元，无量盘整后再次下跌，回到8.70元。

尽管比上一个交易日的收盘价仍然有所上涨，但毕竟离开9元还是有一段距离，我又可以在较为舒适的价位建仓了。

化了三天的功夫完成了30万股的建仓任务，成本在8.66元，算是一个比较吉利的数字。

后市股价的回落已经否定了主力运作的可能性。

但我们还是要对此事给出一个说法，既然当时不是主力，那么买单来之哪里？

唯一的结论就是这次不期而遇的买单，其实是来自于某个手拿买进指令单的心急的交易员。

这次买单应该来自于一张定单，估计买进价是9元以下，数量在40万股左右。由于我顶住大盘的下跌而积极吸纳，使交易员慌了手脚，惟恐在9元以下完不成任务，便索性在9元的核准价内一路猛打，实施通吃策略，在10点半前将单子完成。

如果你是这样一个交易员，会这么做吗？

二十四、尾市拉抬的用意

某股票的股价并不在涨升阶段，成交量也相当平常，但在尾市的最后一刻出现了一笔或者几笔明显属于大量的成交单子，导致的结果就是股价突然直线上冲使得收盘价快速回升。

这种现象并不少见，甚至可以说是非常多见的，其频繁的程度几乎可以达到每天就会有几家。

如果我们想见识一下这种走势的话，非常简单，在每天收盘后搜索5分钟涨跌幅排行榜，排在前几名的几乎都是盘中主力尾市拉升的杰作。

由于这是一种非常普遍的现象，因此本节将探讨这个问题。

也许投资朋友会以为这个问题的结论很明显，不就是主力做收盘价吗？对，是主力做收盘价。但主力做收盘价的目的却并没有直接告诉我们，而这正是我们要知道的。

还要说明一点：某些计算市值的日子也会有其他的大单子做收盘价，目的是为了账面上的荣誉，这些特例不在我们的讨论范围内。

对于主力拉升收盘价的目的我们可能会有三种解释。

解释 A： 非常简单，就是把眼睛一闭说这是主力拉升股价的前奏。

的确，有时候主力在拉升的前一天将收盘价故意拔高，这样第二天股价的起点会高一些。

但现在的市场早已今非昔比，投资者也早已经百练成精，光靠突然拔高的收盘价是无法让市场接受的。如果拉了收盘价而第二天主力没有参与，那么股价必定会低开在前一天主力拉升收盘价以前的价位，也就是说主力最后收盘价是“瞎忙”，白白浪费银子。因此现在已经很少有主力会为了拉升股价而采用拉高收盘价的方法。

解释 B： 承认有主力在运作，但目的只是护盘，也就是不让股价下跌。

这是自以为成熟的理解。

如果我们继续进一步分析就会发生疑问：既然主力尾市拉升股价并不是为了要在第二天继续拉升股价，而只是为了维护股价，也就是平常所说的护盘，更确切的说是护收盘价的盘，那么当天做收盘价所增加的筹码怎么办？

主力绝不会轻易增加仓位的，所以这种情况会有但并不具有普遍意义，只能是某个个案。

解释 C：主力运作目的无法一眼看出，必须结合其他情况一起研判。

似乎令人失望，这种解释等于没有解释，但却是最实际的解释。

在看盘的分析判断过程中，任何一个现象都不一定会导致一个非常明确的结论。

所以，解释 C 才是投资者的成熟体现。

本书很少涉及基本面方面的研判，因此所谓“结合其他情况一起研判”主要就是指盘中的实时研判，与基本面无关。以下分几种情况进行研判。

假设①：该股全天的成交非常平淡，大单子也很少见。

这种情况表明市场已经将该股遗忘，即使主力做了收盘价，恐怕除了手持筹码的老股东以外没有人会注意到这一点，因此结论就是“主力护盘”。

这个解释是前面提到过的解释 B。尽管结论相同但投资者所体现出来的意境是完全不一样的，因为现在得出这个结论是在分析了盘中交易以后而不是断然做出的，这是一种非常合理的解释。

假设②：盘中股价在一个特定的较低的价位附近出现过一些较大的成交量。

在跌幅较大的一个低位持续出现较大的接单或者抛单，但很快被主动性的反向单子成交，股价并没有因为大量抛单的出现而继续下跌，这种情况是不太正常的。

注意这里所说的大单子是明显比平常大的单子，比如一般的买卖单都是几十手，但这些较大的单子都是100手以上。

这种低位大量换手的表象背后是什么呢？

这里请注意一个细节，那就是“股价没有继续下跌”。

这个细节表明这些大量的交换多数是有“默契”的。或者是主力将部分单子转让给他人，或者是其他人的单子转让给主力，但绝不可能是市场上两个完全没有关系的投资者在交易，因为这种交易无法保持价格不动。

现在，既然是买卖双方的“默契”交易，而且其中一方还是主力，那么收盘时主力肯定不会愿意股价一直在低位，这样就会出现做收盘价的现象。

既然是主力与他人的筹码交换，因此这样做收盘价的目的也就是“主力护盘”了。

这种解释与开始时提到的解释B也是一样的，但我们通过分析不但知道了主力在尾市护盘，还知道盘中有“默契”的交换行为。

假设③：盘中出现主动性往下打压的单子。

这种情况就是一旦下方出现相对稍大的单子就立刻有主动性的单子抛出来，股价不断走低，盘中走势明显弱于大盘。

这与前面的稍有不同，存在“默契”交易的可能性很小，因为我们应该要注意到与假设②完全不同的细节：“股价不断走低”。

由于这个细节我们基本可以排除“默契交易”的可能。

我们能够接受“主力与某人在某个价位交换筹码”的结论，但我们不能接受“主力与某人在一路下跌的过程中交换筹码”的结论。

因此这种下跌中的主动性抛盘无疑是有筹码在出逃，但主力在尾市的拉升也只能解释为是无奈的“主力护盘”。这种解释与前面的解释 B 也是一样的，但我们通过分析不但知道了主力在尾市护盘，还知道盘中有筹码在出逃。

还有一种可能是出逃的大单子还没有出完，尾市是由这张大卖单的主人自己做的收盘价。

投资朋友是否注意到了，分析假设③这种情况的时候我们在一个细节上要足够重视。

什么细节？就是抛盘的来源。

如果是盘中主力自己出货的话，尾市做收盘价的可能性非常大，目的就是为了使第二天能够尽可能多而且在尽可能相对高的价位出货。

同样是这种情况，却出现了两种完全不同的结论，一种是“主力护盘”，而另一种是“主力出货”。如何判断，这才是真正的智力较量，一般来说还必须结合具体的盘中交易一起进行分析，也一定会有更多的一些细节帮助我们。

这里我提供两个判断的要点可以作为参考。

要点①是观察出货狠不狠。

任何一个投资者都不会非常狠地将股价砸得一路下跌，毕竟低价抛售是不得已而为之。但是主力出货有时候会非常凶狠，因为外面筹码不多，不将股价砸的很低根本不会带来市场的买单。但这个要点的判断也是比较难的，到底什么叫“狠”，只有自己体会，不过这是一个方向。

要点②是估计一下做收盘价所用的量与盘中出货量的比例。

比如出货量有 50 万股而做收盘价成交了 8 万股，成交量不到出货量的二成，这有可能是主力出货，反之就可以确认是“主力护盘”了。

我们很难接受“主力出了 50 万股但做收盘价又买进 30 万股”之类的结论。

一定要记住：出货者是绝不会再花大资金做收盘价的。

二十五、成交清淡的背后

从海外成熟市场的特点来看，大量的股票成交陷入清淡是不可避免的。就在写书期间，在深圳证券交易所上市交易的金宇车城(000803)终于成为第一家沪深两市开市以来日成交量等于零的股票，整个交易日没有成交一笔！不过，随着我国证券市场的日益规范和成熟，也随着市场规模的不断扩大，整天没有交易的股票一定会越来越多。

对于这些成交量日趋萎缩的股票来说，已经没有任何投机的价值，甚至没有投资的价值。但也并非所有成交清淡的股票都意味着没有机会。至少就今后几年的趋势来看，绝大多数股票依然有着较多的至少是投机的机会。

这里所说的投机机会只是单指股价短期内的有效性波动，而有效性是表明可以通过这些波动获取短期收益。

其实有一些成交非常清淡的个股还是可以提供给我们一些信息的，关键在于我们在看盘时是否仔细。

图 25-1 新疆天业(600075)在 2005 年 12 月 8 日

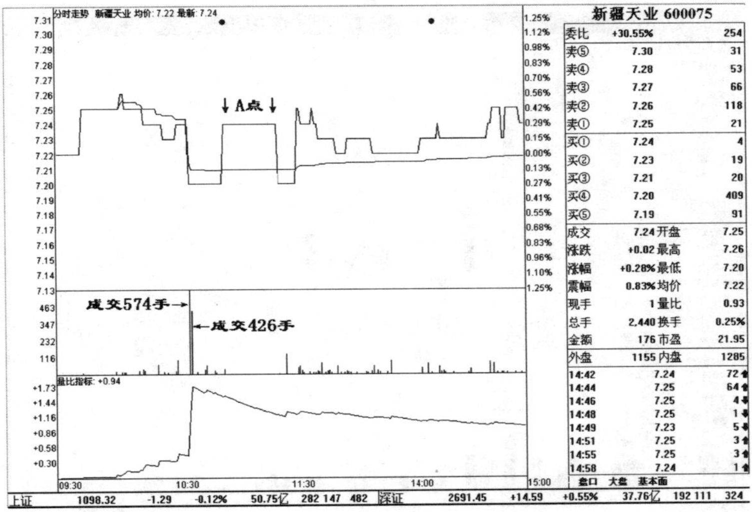

图 25-1

星期四的当天分时走势图。

图 25-2 新疆天业(600075)的日 K 线图。

A 点就是 2005 年 12 月 8 日。

K 线图显示该股从 8 元多一直下跌到 7 元附近，当时似乎有一个小小的见底回升过程，但成交量很小，当天成交了 24 万股。

查基本面，该股当时的流通盘是 9720 万股。对于一家流通盘近亿股的公司来说 24 万股的日成交量显然是属于极小的，可以闭着眼睛说“成交非常清淡”。

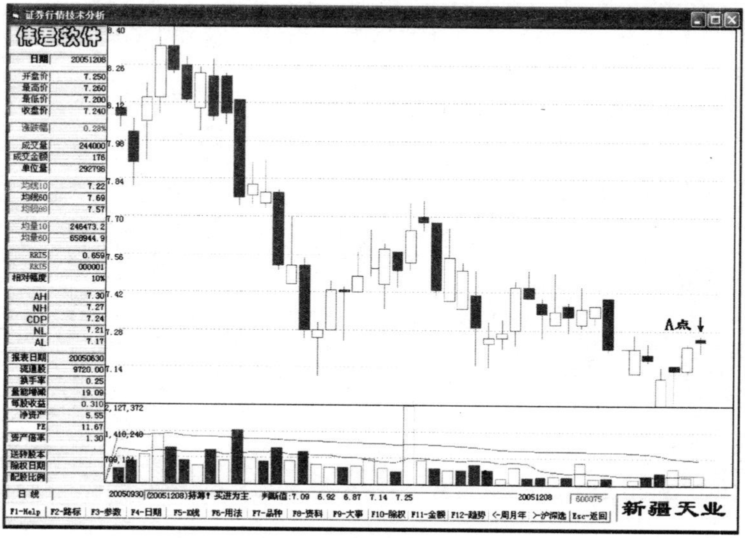

图 25-2

的确如此。图 25-1 显示，该股在全天的交易中经常出现长时间的停顿，即没有交易，停顿时间最长的是在图 25-1 中的 A 点，当时的起止时间是 10 点 56 分到 11 点 25 分，交易停止了整整 29 分钟，几乎就是半个小时！所以，“成交非常清淡”的结论是非常正确的。

但是，如果我们一直在观察该股的实时走势，而且是做到不遗漏每一笔从交易所传过来的交易结果，那么我们一定会注意到图 25-1 中的两笔较大的成交量，其中一笔是 574 手而另一笔是 426 手。要知道，这两笔成交量加起来就是 10 万股，占到了全天成交量的 41%。

当然这个结果即使在盘后也可以看得出，但如果我们是在交易的时点观察到的，就会有一些新的发现。

当时是 10 点 55 分，盘中在 7.20 元有 300 多手的买单挂着，在 7.21 元和 7.22 元上面也还有一些挂单，这三个价位的接单加起来的总数就是 574 手。

行情刷新后成交了 574 手，接抛盘变了，7.20 元成为第一卖出价，上面还有 426 手的挂单。

在如此清淡的情况下，我们可以确认，一定有一张 10 万股也就是 1000 手的卖出单砸向 7.20 元，在成交了 574 手以后还有 426 手没有成交并且仍然挂在 7.20 元的价位上。

我对这种大单的出没一直饶有兴趣，所以就更加专注地等待以后的变化。但其实根本就不用我等待，大概不到 20 秒钟，下一笔单子传过来了，成交是 426 手，7.20 元的价位成为了第一买入价，上面还有 7 手接单。

这两笔交易说明了什么？只要我们注意到其中的一个细节，答案就会出来，这个细节其实已经提到过了。

不到20秒种就是解答这个问题的细节。

现在我们来解释这个现象并给出结论。

既然在那么短的时间里快速成交了两笔大单子，因此我们的思路就会被拉到主力的身上。

假设前面一张1000手的单子是主力砸出来的，其中成交的部分也许全部是市场的也许只有部分是市场的，但肯定是有一部分给了市场上的接单，这表明主力希望市场上接掉一些自己的筹码。但即使下面的接单全部是市场上的，那也只有574手，主力何必要抛出去1000手呢？留下426手的压盘对市场来说只能起到压抑的作用，更大的可能是会带出其他的抛盘，对于主力的减仓绝对没有好处。

所以就有了这样很自然的想法，主力很快用自己的买单将自己未成交的426手买走了。

但我们知道，对倒的目的是增加成交量。既然是做量，那么做完了这一笔应该还有后续的动作，但我们并没有看到，这是极不正常的。

主力每一次运作都是有一定的计划，绝不可能做了一笔就放弃了。由于最后并没有做量的迹象而且全天的成交量依然很小，所以这笔1000手的卖单并非主力的对倒单。

既然不是主力的对倒盘，那么以上的结论也就是错的。

就是说这一张 1000 手的卖单和后面 426 手的买单不可能全部都是主力的。

如果我们将单子分为市场单和主力单两种，那么我们目前只是排除了买卖双方都是主力单的一种可能性。

从逻辑上来说应该有以下四种可能性：

可能性 A：1000 手卖单是市场单，426 手买单是主力单。

可能性 B：1000 手卖单是市场单，426 手买单是市场单。

可能性 C：1000 手卖单是主力单，426 手买单是市场单。

可能性 D：1000 手卖单是主力单，426 手买单是主力单。

刚才的分析已经排除了可能性 D，现在还剩下前三种情况。

可能性 A：市场上抛出来 1000 手，主力在 20 秒钟之内就接了下来。表明主力并不惧怕增加筹码，这样快速完成的目的有两个，要么就是希望增加筹码，要么就是不希望市场因为看到大压盘而害怕。不论主力真正目的是什么，目前价位至少主力认为是相对底部。

可能性 B：市场上抛出来 1000 手，但是多余的 426 手立刻被另外一张市场上的单子干掉，表明市场上有一些大单子在盯着“清淡”的成交行情，一旦有相近价位的大卖单就打下来，而且由于时间很短，几乎是看见就打掉，所以这些大单子希望在近期能够尽可能快地完成建仓。由于 426 手可以毫不犹豫地干掉，估计这些单子的量不会小，该股近期遇到了大买家。

可能性 C：主力因为下档有一些接盘而抛出来 1000 手，希望能够卖掉其余未成交的 426 手。主力的愿望得到满足，余下的卖单立刻被市场打掉。显然，结果与可能性 B 一样。

我们并没有办法确认到底是可能性 A、B、C 中的哪一种，但“不到 20 秒钟”的这个细节已经告诉我们只要有大抛单就会被接掉，或者是主力或者是市场上某一个神秘的大买家。

回到这张 1000 手的卖单。如果主力愿意在 7.20 元这个价位减掉一些仓位的话，这只股票后来是有很多机会的，因为后来在该价位上的接单都在万股以上。如图 25-1 所示，7.20 元上还有 409 手的接单，所以这张 1000 手的卖单不是主力的。这样我们就把可能性 C 否定了，只剩下 A 和 B 两种可能性。

行情分析难以说肯定，但从其后的交易过程看，上档稍大一些的抛盘并没有被快速打掉，所以可以排除主力在该价位附近买进的可能性，因此结论就是可能性 B，市场上有一笔 1000 手的单子出来但立刻被另外一张市场的买单打掉。由于动作奇快，感觉买家比较积极，所以还会继续大量买进。

也许有些老资格的投资朋友会提出这样一种可能："默契换单"。即双方说好了在某个价位，其中的一方卖出筹码给另外一方。

从数量上来说，由于转让的筹码仅仅只有 1000 手，因此只有主力转让给"老鼠仓"的可能，这其实也是属于可能性 D，只是其中的市场接单与主力的抛单是有"默契"的。

我们知道，转让给"老鼠仓"的一个重要特点就是价位低。该股当天开盘以后下面只有一个价位有接盘，而且接单的数量只有 7 手，主力完全可以在开盘后通过相当低的价位瞬间将 1000 手转让给"老鼠仓"，其转让价格甚至可以低到 7 元以下，至少没有必要在 7.20 元转让，所以这种可能性是不存在的。再退一万步说，就算主力在此价位将筹码倒给了"老鼠仓"，那么至少主力认为 7.20 元的价位是相对的低价位了，换句话说该股离上涨的时间也就不远了。

总而言之，这家成交清淡的个股应该会在近期有不错的表现。

我写本节初稿的时间是在 2005 年 12 月 8 日晚上，但我在进行全书修改的时间已经是 2006 年的春节，该股的最新日 K 线图如图 25–3。

显然，当时的判断是对的，在不到两个月的时间里股价上涨了 2 元。

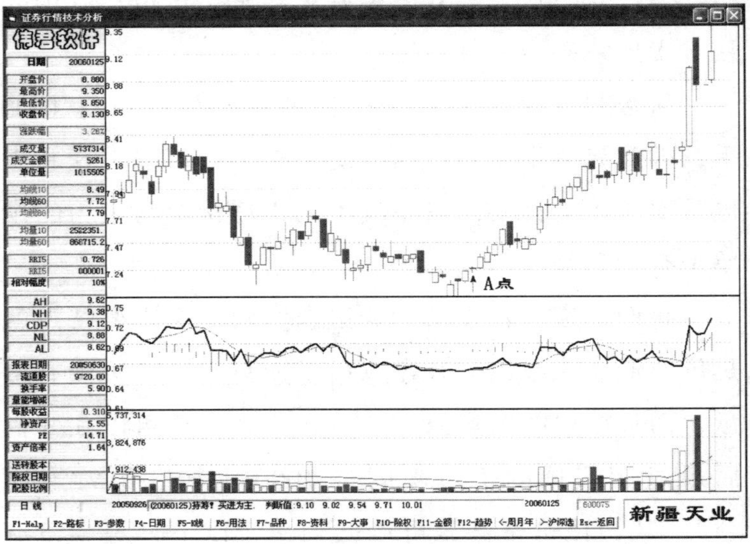

图 25–3

二十六、基金的进与出

随着市场的进一步发展，各种博弈的力量将会越来越多，而以前各种做庄主力主宰市场的局面将一去不复返。综合分析，根据海外成熟的股票市场现状，我们未来股票市场的主要博弈力量将来自各个方面。原来私募类型的市场主力仍会不时掀起浪花，但主要的投资力量将逐步向特大型投资机构转换。

现在我们还无法最终给这些博弈力量进行分类。但毫无疑问，证券投资基金肯定是其中的一员。实际上自2000年以来证券投资基金已经成为市场中的绝对主力，只是由于市场的长期调整使得基金在随后的几年里经历了痛苦的磨炼。但不管怎么说，基金终究会是市场中重要的投资力量。因此，我们有必要对于基金的一些具体操作手法进行了解，以便于我们在看盘时能够精确地捕获到基金的身影。

其实在所有大的投资机构中整个操作过程都是大同小异的，因此本节虽然矛头直指基金，但实际上有关的结论对于任何大的投资机构都适用。

尽管我们将基金定性为市场的主力，但具体到某一家个股来说其主力也许不一定是基金或者其他大机构了，也许仍然是原先的私募类资金。

如果我们细心一点的话就会发现，证券投资基金的投资方向是有一定限制的，也就是说基金在发行的时候就已经将自己的投资方向做了一个大致的确定，比如“行业成长”、“资源配置”、“大型蓝筹”等等。所以仅从理论上来说，各家基金绝不会同时扎堆在同样的股票中。在大盘2001年下跌以来的行情中基金有明显的扎堆现象，但这是由于历史原因造成的，本书对此不作展开，相信以后这种情况会逐步改变。

既然各家基金有不同的投资方向，那么制定的选股策略也应该各不相同。但由于在机构的设置、人员的配备等等一些方面基金具有高度的趋同性，因此决定了基金买进卖出的手法几乎如出一辙，也就是说基金的整个运作过程几乎是完全一样的。

对于我们来说，关键在于基金的操作手法包括具体的买卖方式。但要搞清楚基金的买卖手法首先还必须了解基金的整个投资决策过程。

从大的方面来说，基金公司或者其他大型的投资机构一般必须有研发、决策和交易三个操作过程，所以机构人员的配置也是完全根据这三个方面来完成的。现在因为出现了一些专业的研究机构如证券研究所，因此基金公司的研发人员就可以相应地减少一些，可以通过专业的研究机构来获取一些研究报告。

当某些因素比如一份专业研究机构的研究报告或者一个来自神秘地方的消息等等，导致基金公司关注起某只股票以后，研发部门将在第一时间内介入该股进行研究。一旦被研发人员确认之后由研发部门先进行部门内部研讨，当部门研讨通过以后再报送公司经过各种形式的研讨，最后在层层研讨之后可能会获得通过，如果通不过就有可能被放入公司的股票备选池，也有可能被枪毙。如果获得最高一级决策层的通过，比如公司的决策委员会等等，那么就是总经理、分管副总经理、投资总监、基金经理等在买卖指令单上的层层签字，最后这张单子落到某个基金（一家基金公司可能管理多只证券投资基金）下面的交易员，由交易员根据单子进行买卖。

最后的这张指令单上除了各级责任人的签字以外还有买卖数量、买卖的价格范围和时间范围。比如买进某股 100 万股，价格在 5.30 元以下，而时间是一周等等。

对于我们市场上的普通投资朋友来说，基金的整个决策过程与我们的关系并不是很大，但基金的交易员最后如何完成手里的指令单倒是我们所关心的。

现在我们假设交易员拿到一张指令单，明确在一周的时间内买进某股300万股，价格在7.80元以下。

该股现价是7.20元，流通盘子2个亿，每天的成交量在100万股多一点，因此一周的成交量应该在600万股左右，现在交易员要从中拿到300万股，占到原来成交量的一半左右。

根据市场的供求平衡原则，除非大盘出现大的下跌动力，否则这额外增加的300万股买单将使天平向多方倾斜，股价毫无疑问会上涨，这是任何一个市场参与者都清楚的，对于交易员来说这一点更加清楚。完成单子是第一位的，至于最后完成单子的平均价格是高还是低并不重要，只要在指令单允许的范围内就可以了，也就是说只要不超过7.80元就可以了，而且任务完成的越早越放心。因为谁都知道，股价的未来具有明显的不可测性，万一明天股价上涨超过了7.80元，那就是自己的责任了。

至此我们了解了基金交易员整个买卖过程的一个最重要的细节：

尽可能短的时间。

人类小小的自私心态决定了交易员将在尽可能短的时间里完成手里的指令单。

可以想像，交易员一定会在7.80元以下的范围内非常积极的买进，就像市场上经常讲的“通吃”。

我们最终看到的就是该股在交易员接到单子的第一天，或者第二天走出一路向上不回头的放量上涨态势，而且由于买单过大该股很有可能进入当天的涨幅榜，然而最迟不会超过两天，该股重归平静，股价甚至回到老地方，因为基金的大买单已经完成，市场重新回归原先的平衡状态。

尽管完成单子后最后的平均买入价明显偏高，但交易员仍然是属于忠于职守一类，交易员没有任何错误，关键是即使股价在第二天就涨到 7.80 元也没有关系。当然，如果股价就此一路下跌也不是交易员的责任，而是在指令单上签字的各级责任人的责任。

其实这个结果肯定不是基金公司愿意看到的。公司在买进单上给出的是最高买入价，其目的就是希望交易员能够在一周的时间内寻找相对低的价位，即使某一天价位上冲也完全有时间可以耐心地等待股价在以后的回落。但我们知道，要准确的判断股价在几天内的走势已经完全超出了一个普通交易员的能力，所以最终的结果必然是交易员在尽可能短的时间内将 7.80 元下方的筹码全部买进来。

下面举一个具体的案例来看一看基金的操作手法。

图 26-1 锡业股份(000960)2004 年 2 月 9 日星期三的分时交易图。

当天股价平开，但上午有明显的主动性买单将股价推高。在下午开盘后大买单更是一路疯狂地将股价推向了当天的最高价 8.80 元，比前一天的收盘价上涨了 6.41%。但在随后当天余下的交易时段内，除了偶尔有两笔大手笔的买单之外成交已经明显萎缩。

这里最为值得注意的是午后开市后半个多小时放出的巨大成交量。

从逻辑上说，有三种可能。

可能性 A：主力对倒。

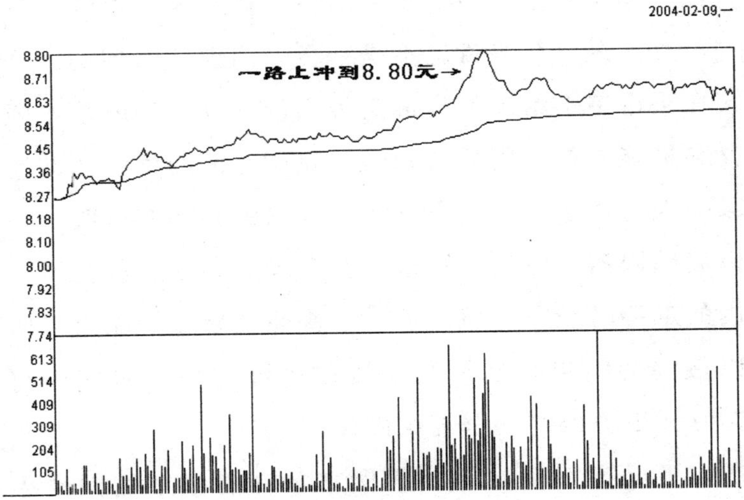

图 26-1

可能性 B：市场抢盘。

可能性 C：类似基金之类的某一张大买单。

要排除可能性 A 并非易事，它涉及到投资者对该股的长期观察。

当时的基本面情况是这样的：该公司主营产品锡的价格在国际市场上连续上涨，如果该股盘中有主力的话股价应该早就被激活。考虑到当时情形相同的铜、铝等上市公司的股价都要比该股强得多，我们可以断定该股盘中并没有控盘的主力。同样由于股价已经远离底部，也不可能是主力在建仓。

可能性 B 可以比较当天大盘的分时走势来研判。当天大盘走的不错，但大盘盘中的两次走强一次是在上午而另一次是在下午两点以后。当该股在午后一开市就放量上冲之时大盘反而正在缓缓回落。所以可能性 B 是不存在的。

最后只剩下可能性 C。

我们不能肯定这一定是基金在买进，也许是某个大机构所为。但毫无疑问，这种惟恐买不到筹码而着急的样子应该是一位手拿买进指令单的交易员所为。

我们花了很多精力来分析种种可能性，最后到底有没有意义呢？

有，因为对于不同的结果我们会采取不同的投资策略和交易方式。

既然只是一张机构的大买单，那么一旦这张单子完成，股价依然会跟随大盘起落，当天过大的涨幅会得到修正。从下午后大半段的成交来看，这张大买单已经完成，因此股价将面临一次至少是短期的回调，其力度和时间则取决于大盘的走势。

图 26–2 锡业股份 (000960)2004 年 1 月 15 日至 2004 年 2 月 13 日的日 K 线图。B 点就是我们关注的 2 月 9 日那天日 K 线图。在其后的三天中股价连拉三根阴线，将当天的阳线全部抹去，并在第四天达到 8.15 元的回调以来新低，与 8.80 元的当天盘中高点相比下跌幅度超过 8 个百分点。该股甚至在一周以后下破 8 元大关。

以上案例对于机构特别是基金的大单买入进行了分析，其实运作大卖单的过程也基本上是一样的。

基金卖出筹码有几种原因，比如研究员认为股价涨幅已经到位，比如大盘趋势向坏，比如行业前景暗淡，比如上市公司有利淡消息，比如应付赎回等等。但在做出这个决定前仍然是研讨等一系列决策过程，一旦卖出指令单到了交易员手里，接下来的卖出过程与当时的买进过程几乎是一致的，只不过方向相反而已。其结果就是股价在较早的某个时段突然出现大量

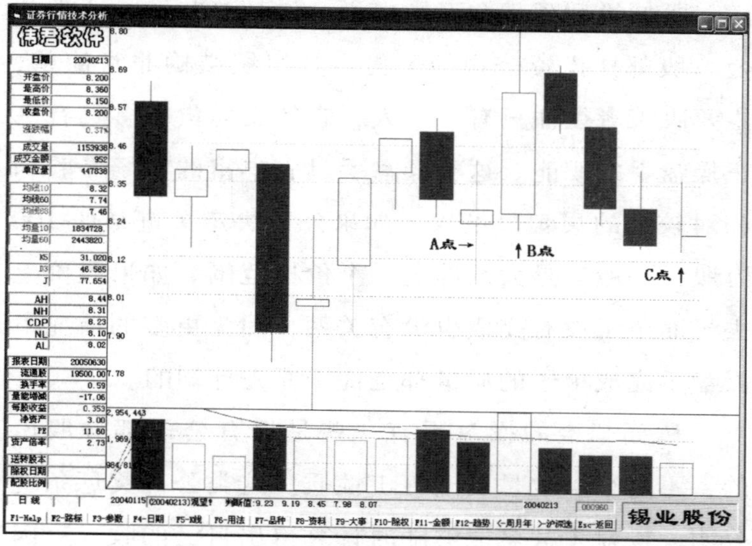

图 26–2

的连续性抛盘，最后股价甚至列入当天的跌幅榜。随后交投恢复正常，股价也趋于平静，只是除非该股盘中有主力护盘，否则股价都会下一个台阶。

以上我分析的都是基金独立的买卖行为，但如果是一种“默契”的买卖行为情况就会完全不一样。

比如主力通过某种关系说服基金在某一个价位附近接掉一些筹码，那么交易员绝不会急慌慌地去往上打，一定会在约好的价位附近挂一些单子等着约好的筹码抛出来，或者看到有大卖单在约好的价位附近出来就主动买进。反向操作也一样。

既然说到了基金不妨也说一说私募基金。这类基金一般都挂投资公司的名份，其组织结构非常简单，主要决策者往往只有一二人，它的交易员很多具有真正操盘手的职能。这类操盘手具有丰富的市场经验和相对较大的买卖决策权。如果公司决定买进某股100万股，一般只是大约确定一个价格范围。如果股价上去了而单子没有完成也没有关系，因为更多的情况下操盘手完成单子的质量都是优于原先计划的。

私募基金的操盘手有一些是拥有公司部分股份的，不过很多也是属于打工性质。这类公司奖惩条例分明，操盘手甚至能够随时计算得出自己的收入，因此工作非常勤恳，任劳任怨，往往会不惜一切代价去做好。而这类公司的老总一般都与操盘手非常熟悉，相互之间也往往是朋友关系，因此高度的信任感是第一位的，所以我们千万不要期望私募基金的操盘手会像基金交易员那样急不可耐地买卖股票。

了解基金的动向对于我们是非常有用的，因为基金具有非常强的研发平台，一旦基金大规模进入一家股票一般就意味着该公司的基本面将有不错的表现。也许当时该公司并没有值得注意的地方，但这只是时间问题。我们相信，基金公司一套完整的决策过程保证了这一点。

当然，基金也会出错，除了个股方面以外，基金最容易出错的是大势的研判。一旦大盘下跌，所有的股价都会有一个重新定位的过程，因此基金看好的公司即使基本面出现好的变化也会顶不住股价回调的压力，基金毕竟不是主力，很少会主动护盘。

具体到操作的层面，由于基金之类的大单子只是在完成的过程中影响股价，因此我相信在单子完成以后股价会回归原处。当然，如果是大的卖出单的话最终能否回归原处还取决于盘中主力是否愿意护盘。如果盘中根本就没有主力或者即使有主力也已经是力不从心，那么大卖单完成以后股价是回不上来的。

根据这一特点，如果手中有筹码而且又正好能够确认是这种大单子在买，那么绝对可以在一个相对的高位先行卖出，一定会有买回来的机会。但如果是大卖单在出货则要小心，因为很可能该股的基本面有问题，而且抢反弹的风险比较大。

二十七、股价启动前的征兆

当投资朋友手中的股票跌得惨不忍睹的时候，却由于某些原因而必须割掉，这时候是相当悲壮的。在这里我们先不去分析为什么当初会买这只股票，而是把重点放在如何割肉这个环节。

通常情况下投资朋友选择的方法就是把眼一闭，对着接盘砸下去。

从心态上来说，反正已经套了几块钱了，相差几分或者角把钱也没有什么大的区别，因此也根本不想再多费心思去考虑此时此刻是否是一个合适的卖出时机。

这是一种极为草率的做法，没有任何可取之处，绝对应该避免。

有太多的结果可以证明我们随随便便地一扔往往会扔在一个至少是相对的低价区域。

的确，股价也许再也回不到原先高高在上的买入价，再也解不了套，所以损失是必然的，只是我们无论如何不能把筹码扔在一个相对的甚至是历史性的低位区域。

我们经常会发现，好不容易下定决心把筹码割掉以后股价却返身开始上涨，表明我们割的地方至少是一个相对的底部，其实这是由人类的心理因素决定的。

市场中的投资朋友都有这样的体会：当我们实在忍受不住要割掉筹码的时候，往往是在股价大幅度下跌以后。既然股价已经下跌了一段时间，那么接下来无论怎么说上涨的概率总是大于下跌的概率，因此相对底部出现的可能性就很大。也许以后还有更低的价位会出现，但至少在此之前股价会有一次回升，能够在回升的时候割肉总要好一些。

那么我们又为什么总是不愿意在下定决心割肉的时候，静下心来分析一下股价的走势呢？

理由似乎是一样的。

因为已经亏损了 10000 元，即使再花精力，也许可以等股价回升后割一个好一些的价钱，但不论怎么说最后还是割肉，还是亏损的，比如最终的亏损是 9000 元，不值得。

如果投资朋友永远只定性而不定量地分析自己的投资业绩，那么也许永远也不会成功。

让我们再回到上面的问题。

原来亏 10000 元，现在通过分析市场等待股价回升后将筹码出掉而亏损9000元。这件事情可以从两个方面来看。

按照一般的看法，花了大力气研究，最后还是亏损，投资终以失败而告终。

按照另外一种看法，我们先是亏损了10000元，现在我们找到了一只股票并且通过短期运作获利1000元！也就是说，按照我们的智商已经开始盈利了，在新的一轮投资周期里已经开了一个好头。

两种截然不同的角度对于提升我们的投资信心是完全不一样。

除非投资朋友在割完肉以后永远离开市场，否则我建议永远要用第二种方法来看待问题，这样我们就会不断地取得进步。

现在我们应该对这一点形成共识：大幅度割肉之前必须分析市场。

说到底我们就是怕卖出以后主力拉升股价，那样就把筹码扔在相对底部了。因此我们先在卖出前对市场进行分析，研判该股在近期一段时间内的走势。

个股股价的运行离不开市场环境，因此必须分析整个大盘在近期的走势。本书并非探讨大盘的研判，因此对此不再展开。这里我们假设大盘以盘整为主，暂时没有方向感，这时候个股的走势应该是跟随大盘而盘整的，所以我们要割肉的话没有更多的拖延理由。

然而当个股中有主力并且主力要运作的话，结果就完全不一样了，也许伴随着大盘的平静个股会走出一波上涨的行情，而这正好给了我们一次赢利的机会，或者称为减少亏损的机会。

所以在我们割肉之前，还是有必要分析一下个股的走势。

实际上我们所要分析的无非是盘中主力有没有动的迹象。也许各人有各人的绝技高招，但我的建议是通过仔细观察盘中的交易来确认主力是否会有所动作，是否会拉升股价。

假设手中的股票是非常平常的一家股票，盘中有主力而且是长期被套的主力，该股也不是市场的热点所在，行情以跟随大盘为主，成交比较清淡，这类股票其实是存在被主力拉升的可能的。

由于是老主力，所以没有建仓的过程，行情来的时候似乎是突然起来的，但实际上绝对不会，至少其中的相当一部分在行情起来之前是有一些征兆的，只是由于市场没有注意到而已。

下面我们讨论几种常见的征兆。

征兆 A：较大的卖单被打掉。

个股交易尽管比较清淡，但总会有一些较大的卖单出现的。比如日成交在30万股以内的行情必定会有一些万股以上的买单或者卖单出现，我们可以特别关注这些离成交价比较近的大卖单。如果这些卖单经常会在较短的时间内被买单主动打掉（所谓主动就是不在下面挂出来，直接对准大卖单打进的说法），这就是一种主力拉升前的征兆。

众所周知，主力在拉升前的理想状态就是股价不再下跌，市场割肉盘减少。而当股价拉起来以后主力最害怕的就是前面相对低位的获利盘蜂拥而出。因此只要主力的资金状况允许，在拉升前会尽可能地吸纳掉一些抛盘稍大的卖单，也可以理解为是主力在一个相对小的范围内完成一个相对小的阶段性建仓任务。将大卖单打掉的同时也制住了市场的跟风抛盘。

一旦股价拉升成功，那么这些相对低位买进的单子就成为主力自己的获利盘（至于主力原先的大量仓位不在考虑之列），主力可以根据自己的需要一路锁定或者适当的派发到市场上。

如果运作得当，主力做一波回升行情是可以获利的，也就是说是可以降低自己的持仓成本的，尽管降低的幅度相当小。

数年前我自己做过一次非常成功的短期行情。

当时手中持有强生控股（600662）300万股的股票，该股的流通盘为11000万股，我只有这些筹码当然不能称为主力，更不能称为庄，但当时该股盘中确实已经没有比我更大的持仓者了。

在股价一路下跌以后我开始拉升股价，当时手中的资金余额只有50余万，但通过一些巧妙的操作技巧运作，我将该股从8.43元拉升到10.60元，股价最大涨幅25.74%，而同期大盘仅仅上涨了8%。

最后的结果是将增加的筹码全部抛掉（实际上净增加的筹码不足10万股），手中依然是300万股的仓位，但资金余额却增加到了250万元。这就是说，通过这次拉升股价我凭空获利200万元。

图27-1就是该股当时的日K线图，其中连续拉升的十三根阳线成为市场上的一大景观。

征兆B：盘中会出现一些非市场化的大单子。

比如在日成交30万股的行情中有时候会出现3万股甚至5万股以上的单子，而且不止一二次，挂单的位置距离成交价较远，往往在第三价位以上或以下，而且有时候还会撤单。

这种数量较大的单子由于远离成交价，实际上成交的可能性是非常小的，因此属于非市场性的单子。这些单子的用意只是告诉市场：已经有人在注意这家

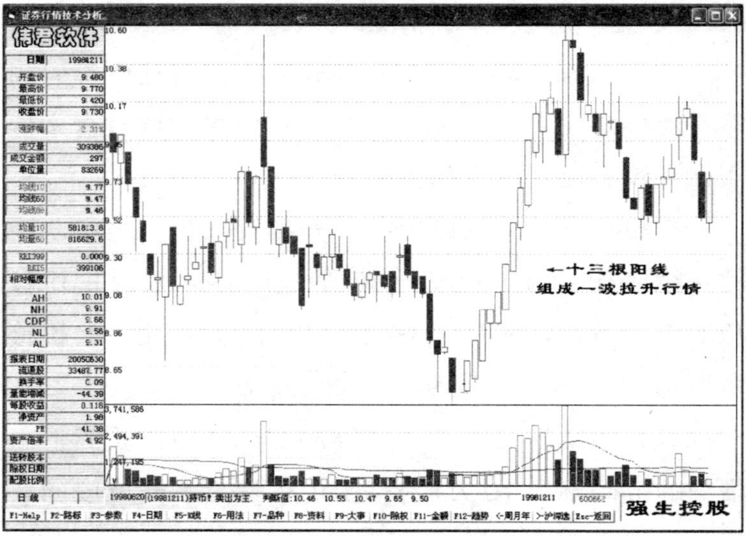

图 27-1

股票了，股价有可能上涨。

当然，主力拉升股价的目的有时候是为了做一波大的行情，但在整个市场都处于一个弱势的情况下主力也经常会有出货的意图。但这对于我们准备割肉的筹码来说并不是十分重要，因为不管怎么样，即使主力是为了拉高出货但至少还是会有拉高的过程，至少我们还有一个在相对高位割肉的机会。

一旦股价真的起来以后，我们将面对的是准确判断主力拉升的意图。

如果是做一波大行情，那么我们应该继续持有直到主力做不动为止。

如果主力只是拉高护盘甚至拉高出货，那么必须寻找合适的机会割肉。

征兆C：盘中出现脉冲式上冲行情。

所谓脉冲式行情，是指股价在较短的时间内突然脱离大盘走势，而上冲接着又很快地回落到原来的位置，而且在这一波快速行情中，并没有对倒之类放大的成交量。

盘面清淡的成交已经告诉我们主力在这一段时间内也没有参与市场的运作（但不表示主力没有关注这家股票），所以主力的市场感觉也不会很好。换句话说主力也不知道万一将股价打上去，市场上会有多少抛盘出来，而跟风的接盘又会出来多少。因此主力在正式拉升股价前必须要先试拉一下，业内成为“试盘”，看看市场的反应，所以就出现了脉冲式的上冲行情。

也有一种可能是主力多打掉一些抛盘。

为了在以后的拉升中减轻一些压力，主力希望想抛出来的卖单尽量在股价拉升前出来，这样在以后拉升股价的过程中，卖压就会小一些，如果股价起来以后，市场跟进的买单比较多，那么主力还可以作为卖方将筹码倒给市场。

所以主力是想通过往上打一下引出市场的抛盘，然后再选择适当的时机进行拉升。

这种情况表明主力的资金比较充足，对股价的上升高度也比较有信心。

征兆 D：盘中出现压迫式下探走势但尾市往往回稳。

这种走势比较折磨人，盘中出现较大的卖压，股价步步下探，但尾市却又往往回升。

谁都知道，这样的走势的结果就是引来更多的割肉盘。但为了使这种走势成立，主力一般都需要加一些力，否则单靠散单的力量肯定是不够的。这里所说的力无非就是筹码，卖出的筹码。因此盘中会出现一些较大的卖单，甚至为了加深市场的影响还会做一些向下的对倒盘。

我们可以仔细观察其交易的自然性，一般来说会有很多非正常的接抛盘现象出现。

主力做出这种态势的目的是想加大建立短期仓位的力度，也就是希望买到更多的低价筹码，属于诱空的手法。

让市场在此位置大量割肉给主力，然后主力再做一波行情，顺利的话主力会在股价回升的过程中将前面买进的筹码倒给市场。

如果通过一些征兆分析我们得到了主力要拉升股价的信息，那么割肉的事情就可以再等待一下，起码我们知道能够以更高的价格割肉。

以上分析了几种股价拉升前的异样征兆，实际上一定还会有其他的征兆出现，我也只是开了个头，投资朋友可以顺着这样的思路提出自己的见解。

市场研判从来就没有一定的军规，只要是合理的就是好的。

二十八、“楼板”消失

先看案例。

图 28-1新疆天业（600075)在 2006 年 1 月 20 日当天分时交易图。

当天该股爆出近 500 万股的成交量，是两年半以来的天量，股价呈典型的向上突破形态，当天上涨幅度达到 8.44%，远远超过大盘的涨幅。

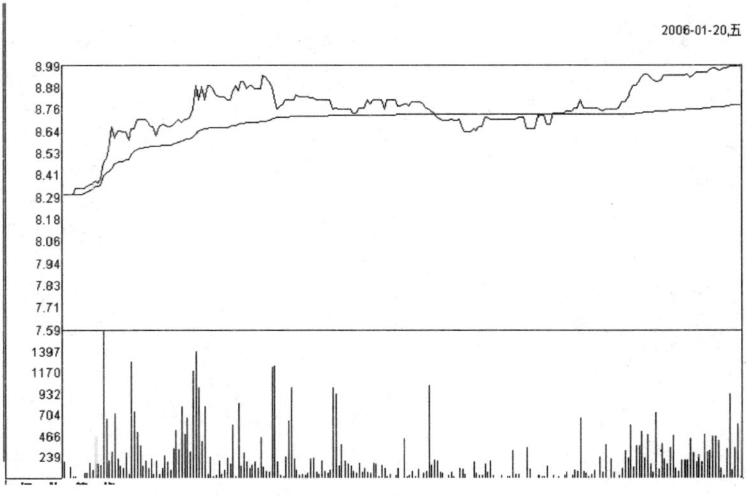

图 28-1

图 28–2 新疆天业当天下午 14 点 54 分时的接抛盘状态。

由于当天爆出巨量，所以图 28–2 的状态是非常正常的，在此之前也基本上是这样。

卖⑤	9.06	785
卖④	9.03	52
卖③	9.01	84
卖②	9.00	687
卖①	8.99	5
买①	8.98	252
买②	8.97	186
买③	8.95	585
买④	8.94	231
买⑤	8.93	322

图 28–2

接着，交易所又重新刷新了数据，现在我们看到了图 28–3。

这个时点还是下午 14 点 54 分，也就是当天收盘前的 6 分钟。

卖⑤	9.06	785
卖④	9.03	52
卖③	9.01	84
卖②	9.00	687
卖①	8.99	5
买①	8.98	8
买②	8.97	12
买③	8.95	5
买④	8.94	6
买⑤	8.93	3

图 28–3

从图 28–1 中可以得知，当时股价正在一步一步向 9 元的整数关攀登，而此时离收盘不过 6 分钟，但我们看到了什么？

一个非常重要的细节：

底下的大接单一下子全部都消失得无影无踪！

我们一般都喜欢把下档的大接单称为支撑股价的楼板，因此这种状态应该称为“抽掉楼板”，实际上就是“楼板突然消失”。

股价上冲，涨幅明显超过大盘，成交量大幅度增加，这是我们经常会在市场上见到的情景。由于成交量比较大，所以盘中交易时上下接抛盘也一定非常大，比如对于流通股为1亿股的股票来说，在成交清淡时可能只有20万股左右的日成交量，但在上冲过程中却会爆发出300万股以上的日成交量，盘中的具体表现就是三位数甚至四位数的单子到处可见，无论是买单还是卖单。

然而现在大买单却在一瞬间突然全部消失，这一现象说明了什么？

结论A：这是一家有主力参与的个股。

我们很难相信市场上来之各个营业部的买单在几乎同一个时刻一下子全部撤单，所以这些原来挂在上面的大买单一定是来之主力。

结论B：市场上的买单其实很少。

本书前面曾经探讨过“小单的真实性”。主力可以做出成交量，可以增加买卖单，但无法缩小成交量更无法撤掉市场上的买卖单，因此一旦出现很小的买卖单时市场的参与度肯定相当低。

回到本节的案例，因为下档出现了非常小的接单，所以至少在当时的时段和价位，市场买进的热情非常低。

结论C：表明了主力的意图。

主力将“楼板”撤掉似乎有两个现成的理由。

理由①：主力放弃推升股价。

既然在前面挂了大量的接盘以造成市场买盘很多的假象，那么在一天交易的最后 6 分钟是不会放弃这一策略的，而当天拉出长阳的目的显然是为了推高股价，但撤掉“楼板”却很有可能让股价被市场打下去，这就使得主力全天的工夫白费，所以理由①不成立。

理由②：主力不愿意多接市场上的抛单。

从图 28-1 上看，接近 9 元的价位并不是刚刚出现，实际上最后半个多小时的交易一直在这一价位附近进行，如果在该区域市场抛盘确实很大而主力又不愿意多接的话，“楼板”早就应该被撤掉而不是在最后的 6 分钟，所以理由②也不成立。

主力还有真正的意图。

根据图 28-3，我们只知道下档接单很小，但上面的大卖单到底有多少是真正属于市场上的并不知道。对主力来说，上档的卖单应该了如指掌，但这还不够，我们都知道，卖单包括两部分，一部分挂在上面而另外一部分并不出现在盘面上，它会随着行情的演变而随时挂出来或者直接对准接单砸下来。主力还必须知道这另外一部分动态的卖单。这部分筹码的持有者往往是紧紧地盯着盘面，一旦盘面出现变化这些卖单随时可能会主动往下砸出来。

主力要知道这些卖单的情况，唯一的办法就是给这些卖单一个卖出的理由。

现在主力将大接单全部撤掉，实际上就是试探这些动态的卖单。

这才是主力将“楼板”抽掉的真正意图。

现在回到当时的交易时段。

在随后的 6 分钟交易中并没有出现很明显的动态卖单，最后收盘的状态是图 28–4。

显然，主力的意图已经达到了，而如果我们注意到这一个细节的话也知道了：市场上的动态卖单很少。

主力替我们做了一件好事。

卖⑤	9.04	18
卖④	9.03	634
卖③	9.02	38
卖②	9.00	997
卖①	8.99	5
买①	8.98	59
买②	8.96	88
买③	8.95	156
买④	8.92	6
买⑤	8.91	20

图 28–4

二十九、全新的图形分析方法

到本节为止，本书的重点还是一些看盘时的细节，特别是在一些盘中即时交易的细节上。但毫无疑问，盘中交易千变万化，我在书中分析的一些细节只能是其中的一小部分，也就是说实际看盘时绝大部分时间出现的接抛盘或者其他一些状态并不一定属于本书前面所讨论到的细节。

的确，证券交易是有大量的各不相同的投资者在不同的时间内完成的，谁也无法保证接下来会出现什么状态。我在前面探讨了一些被市场所忽视的细节，其目的并不是说投资朋友掌握了这几个细节就可以在市场上稳操胜券了。然而，前面的细节分析又绝对是非常需要的，它不但可以解决一些看盘的难点，更主要的是提供了一种全新的以推理为主的分析思路。

如果我们通过前面一些细节的探讨而掌握了这种其实并不是很复杂的分析方法，那么本书的目的就真正达到了。

然而细节只能是细节，我们的最终目的是形成一定的投资决策，所以在接下来的部分中，我会将用于前面分析细节的思路用到常规的投资决策中去，以便最终完成一次实用的投资决策。

由于本书基本上是以看盘为主，因此所谓的投资决策是指短线的一次投机决策。同时，基本面往往省略，但投资朋友在真正的进行投资决策时还是要考虑一下基本面的因素，包括个股的基本面因素和大盘的背景。

我要做的是通过分析图形进行短期投机的决策。

也许投资朋友会认为图形分析已经老掉牙了，用不着再花费精力了，类似的书也已经很多了。不错，包括我自己在《追求完美》一书中也有一个章节是讨论图形的。但这些传统的图形分析与我在这里所说的图形分析，有着本质性上差别，甚至可以说仅仅只是说法相同而已。

传统的图形分析其精华很简单，就是研究几种所谓可能是常见的图形，然后得出什么图形将会产生什么趋势的结论。但实际上我们会发现，所谓的常见图形其实也是很少出现的，即使偶尔出现了其结果也往往并不是我们所以为的结果。

这里我只是举一种常见的图形进行说明。

投资朋友谈得最多的图形就是头肩形了，我们就来专门分析头肩底形态。

图 29-1 是头肩底形态的标准图形。

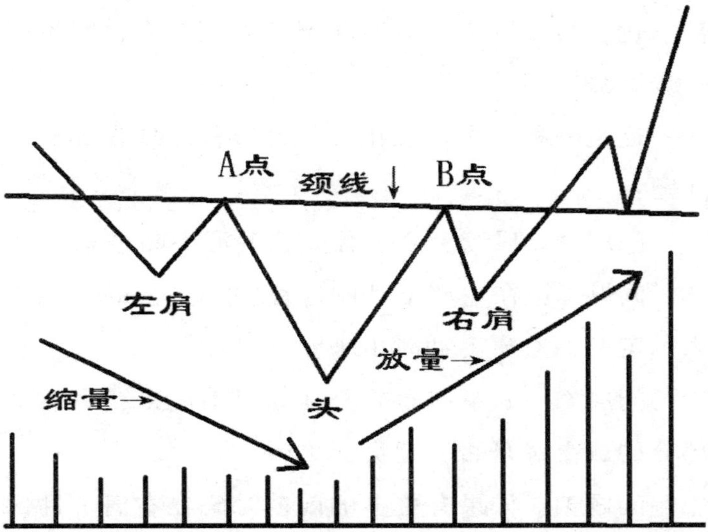

图 29-1

经典的头肩底形态理论大致是这样的：

股价下跌达到左肩位置后有所回升到达高点 A，成交量同步萎缩，接着股价继续下跌创出新低也就是头部，量能继续萎缩，再后来股价回升到上一次高点 A 点附近的位置 B 点，然后回落到左肩的位置形成右肩，量能放大，最后股价再次放量冲破由 A 点和 B 点连成的颈线，整个形态完成，我们可以计算出股价上涨的最终幅度。

整个头肩底形态成立的理论基础是这样的：

当股价从头部开始回升以后，由于成交量的持续放出，在左肩下跌部分买进的获利或者解套筹码已经被消化，后续资金将会源源不断得到补充，股价将进一步上涨。

这是一种完全理想化的交易过程。现在提出以下问题：

问题 A：后续资金为什么会源源不断进来？

问题 B：在左肩下跌的过程中，买进的筹码为什么一定要在右肩上冲时出来？

问题 C：如果前面的获利筹码不出来，右肩上冲部分的成交量是否一定会放大？

问题 D：如果有更多的前期筹码在右肩上冲部分出逃，股价是否继续上涨？

问题 E：如果右肩上冲部分的放量主要是主力的对倒盘，股价是否一定上涨？

问题 F：如果右肩上冲部分的放量是主力刚刚开始建仓，股价是否马上上涨？

问题 G：如果接下来大盘下跌，股价是否上涨？

我们还可以提更多的问题，但这些已经很说明问题了。市场是千变万化的，如果要这种头肩底形态的理论成立，那么它必定包含相当多的条件。

我们都知道，当需要满足的条件越来越多的时候，结论其实已经没有什么意义。

经典图形分析理论的主要缺陷在于完全脱离了大盘和主力这两个最基本的因素。

随着市场的逐步规范化，也许我们会越来越看淡大盘而重个股，但主力的存在是我们必须要面对的一个现实，将主力这个因素撇在一边而孤立地讨论个股的走势无疑是不着边际的。

我所提倡的图形分析方法没有事先设想好的各种形态，全部以实际发生的量价变化为前提，充分考虑非市场性的主力参与因素，完全是通过推理分析来解释图形的。

不管是什么图形我们都可以分析它未来的走势，而不是用死记硬背的图形去套千差万别的走势。

从表面上看，我们将要用的方法非常被动，实际上却非常合理。

请注意：在我所要介绍的图形分析中没有任何假设的条件。

当我们想要买一家公司的股票时我们会做什么？

打开K线图看图形。也许在此之前会先看看该股的基本面，本书对此忽略。

这几乎是任何一个短线客的做法，但结果很多人没有成功。

如果这家股票的股价走势并没有走出我们在经典图形分析教材中所提到的图形，那么我们是不是就应该放弃？

在职业的投资生涯中，我们不但要知道买进的理由，同样也要知道放弃的理由，我们必须给自己一个理由从而放弃这一次机会。

现在一步一步进行我们自己的图形分析。它并不神秘，其实只是一些非常平凡方法的结合，但其中的关键是常常被市场所忽略的“细节”。

再返回到日常的投资生涯中。

在信息爆炸时代，我们每天都会得到来自各个方面的信息。

比如看到了某个股票的股价脱离大盘而大幅度上涨；比如一个行业的政策变化突然把我们的焦点集中到某一个行业上面，特别是该行业的龙头股上面；比如一家个股的股权转让消息；比如某股的一个业绩增长消息；甚至有朋友突然向我们推荐的某某股票，或许还有更多的因素，但结果只有一个，那就是让我们被动地将目光聚集到某一家个股上。

“要不要购买这家公司的股票？”

当以后市场出现卖空机制后也会问“要不要卖空这家公司股票”的问题，但本书成就的时候市场上还没有卖空机制。

为了回答这个问题，我们习惯性地打开了该股的K线图。

由于我们读过很多有关图形分析的书，所以脑海里立刻会浮现出一幅又一幅的经典图形，比如双底，比如头肩底等等，但十有八九我们会发现这几种图形似乎很难出现。

难道这就要放弃？不，应该改变我们的习惯性思维。

让我们暂时把经典的图形放在一边，开始我们自己的图形分析之旅。

三十、图形分析要点之一：大量

我们要做的第一步，就是在近期的日K线图上寻找成交量急剧放大的地方。

所谓近期也并没有一个严格的限定，就比如6个月吧。所谓成交量急剧放大的地方，是指在这6个月的交易时间段内的某几天日成交量突然成倍的放大，比如超过均量线的数倍。

如果这种情况没有出现，那么可以肯定这是一家在此之前没有主力更不要说庄家在其中活动的散股。即使有的话也一定是被套的硬梆梆的“古董”主力。

其实这种情况出现的可能性很小，因为在6个月的期限中大盘肯定会有一些上涨行情，即使盘中完全没有主力活动，个股也会随着大盘的上涨而放出一些相对比较大的成交量。

所以这种情况会有，一般我们都可以在日K线图上找到一些放量的地方，甚至会出现二三次。

当然，这些交易已经过去了一段时间，或许市场不会过分注意这些放量的现象，但我们需要研究这些放量现象中更重要的一些细节。

如果这些量放得并不是很大，而且放量的日子正好是大盘同步上涨的日子，那么我们可以得出这样的结论：

该股没有主力或者最多也就是“被套的古董”主力。

请注意：我们千万不要期望仅仅通过一个细节的分析就得出“买进”或者“卖出”的结论。

细节分析的真谛在于我们能得到某些结论而不是我们能够得到我们想要的某些结论。

由于上面提到的情况实在少见，所以我们基本上能够找到一些量放得比较大，而且走势是异于大盘的地方，比如带量涨幅超过大盘，或者逆大势上涨或下跌。

这些就是图形分析的第一个细节。

然而即使出现了这样的大量，它也会以各种各样的形态出现，所以根本没有办法将这些形态全部列出。因此大量分析的要点就是：

抓住这些形态中某些并不为市场所关注的细节。

下面将通过分析一些具体的案例来说明如何抓住细节。

由于现在市场处于多年来的下跌阶段，所以举的一些案例都是放在这个大环境下。

案例 1：股价长期下跌后 V 字形回升，数天后涨停价开盘然后放出数倍于正常交易量的天量。当天高位收阴，随后股价日渐回落，但并没有创出前面的新低。

分析：该案例的细节就是涨停价上的大量。

股价刚刚从底部起来，基本面上并没有配合涨停价的因素，因此涨停的开盘价一定是主力所为。因为市场无法理解涨停的原因，所以抛盘一定远远多于接盘。主力通过大量的对倒造成市场买单积极的假象，目的无非是希望市场的买单跟进，表明主力的目的是为了减仓。如果主力为了做一波行情或者为了拉高建仓那就根本不会希望市场在股价刚刚上升时期就大量介入。

意图既然是减仓，表明主力已经完全满仓，这是我们能够得到的一个非常实用的结论。

由于主力在涨停价位开盘，所以是做好了增加仓位的准备的，因此该主力还应该有一定的资金储备。

我们一定要记住：主力想减仓并不一定是要全身而退。

图 30-1 蓝星石化(000838)的日 K 线图，其中的 A 点出现了本案例提到的状态。

随后的走势表明该股的主力并没有做一波行情，

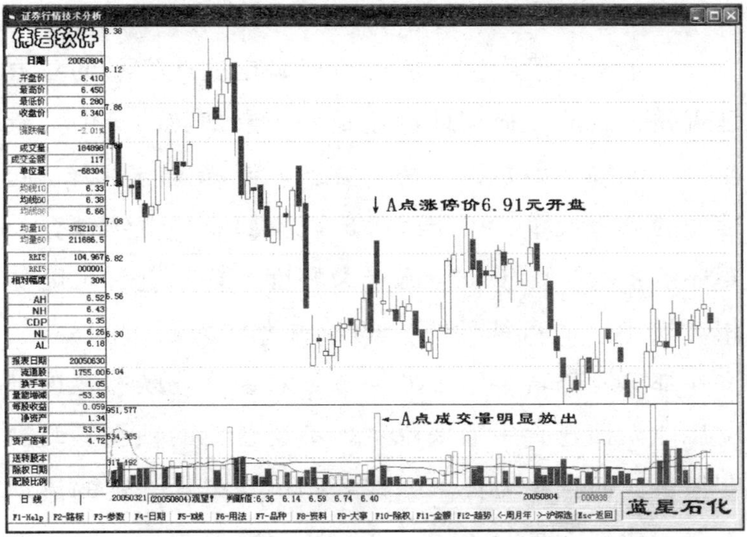

图 30-1

但也没有出逃的迹象，主力这根拉在 A 点的阴线只是为了减掉一些仓位。

案例 2： 股价长期下跌后在底部平台的某一天出现大量但股价波动不大，随后股价依然平淡。

分析：该案例的细节是量大而随后价不动。

这同样是非正常的大量换手，因此交易双方中至少有一方应该是主力所为。

在一个长期下跌后的低位是非常容易将股价进行拉升的。但主力并没有拉升股价，因此这些大量也就不是主力的对倒盘，交易双方中必定有一方不是主力。

由于交易量较大，所以可以确定这些交易的双方是事先约定的，通俗地说这是一次有默契的盘中大量换手。如果主力是买进的一方，说明原先与主力一起锁仓的某张大单，由于某种原因不愿意再继续锁仓而要还给主力。由于价位已经大幅度下跌，这种可能性相对较小。而可能性更大的是主力作为卖出的一方，将一部分筹码转手给另外一个买家锁仓。既然在该价位让他人锁仓，一般来说主力不会让新的锁仓筹码被套很多，而且主力让出一些筹码也获得了一定的流动资金，或许就是为了做一波行情而准备的。

结论是该股会有一些短线的机会，除非大盘不配合。

图 30–2 延边公路(000776)的日 K 线图。

图中的 A 点和 B 点出现了明显的放量现象，但股价却并没有特别的表现，仍然在盘整之中。

根据以上的分析，应该是主力与另外一方进行过较大单子的交换，因此短期应该会有一次机会。

果然在 C 点出现了一次典型的脉冲式行情。

案例 3：股价长期下跌后出现回升，走势强于大盘，但回升过程中的每一天都连续爆出巨大的成交量。

分析：此案例的细节在于连续暴量。

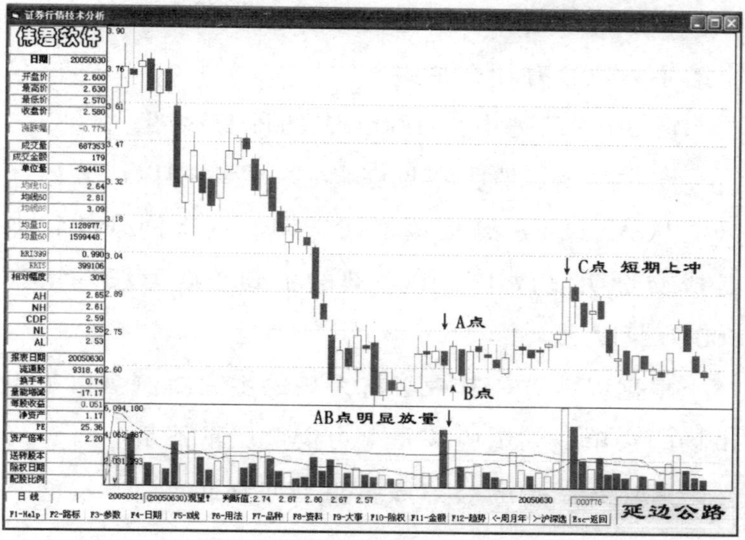

图 30-2

显然，在此长期低位不可能出现大量的市场换手，因此只能是主力的对倒，这一点很明确。由于随着股价的回升而连续大量对倒，表明主力是在利用市场愿意跟风带量上涨股票的心态而吸引买单，或者干脆说主力是一边在拉升股价一边希望减仓。

由于股价在长期低位，主力一定被套，被套主力在低价位减仓，唯一的结论就是主力的仓位已经过重而且资金匮乏。

主力既不希望股价继续下跌也无法再增加仓位，所以才在如此低的价位采用大量对倒的手法。

对于这种走势，结论就是前景不妙。一个没有资金的主力还会有什么希望?

图 30–3 凯迪电力(000939)的日 K 线图。

图中显示，股价在见底盘整一段时间以后开始回升，从 A 点到 B 点是整个回升期。这次回升的特点是成交量明显放出，由底部的不到 100 万股暴增到 500 万股以上。

根据以上分析其中必有大量的主力对倒盘以吸引市场的买单，结论应该是主力资金严重不足。

果然在图中的 C 点股价重新回到起点。

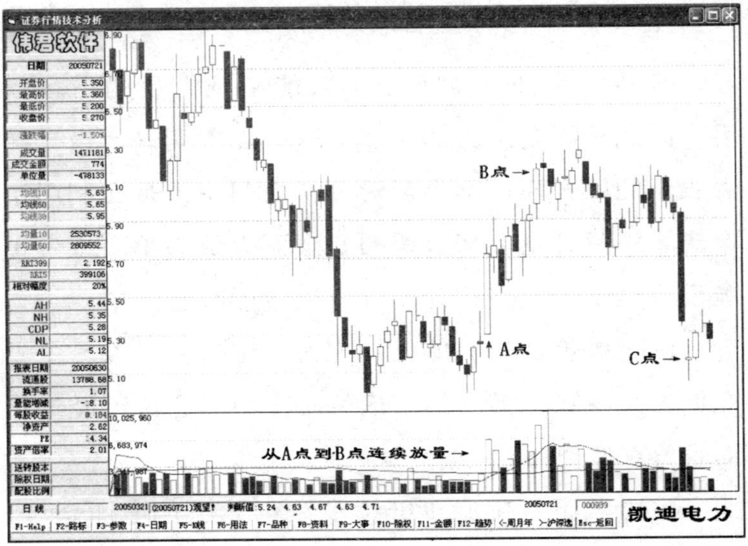

图 30–3

前面提到的三个案例似乎有一些特殊性，并不具有普遍的意义。其实不管是什么情况，分析的思路是一样的，下面再举一个非常普通的案例。

图 30–4 东安动力（600178）2005 年 9 月 20 日以前的日 K 线图。

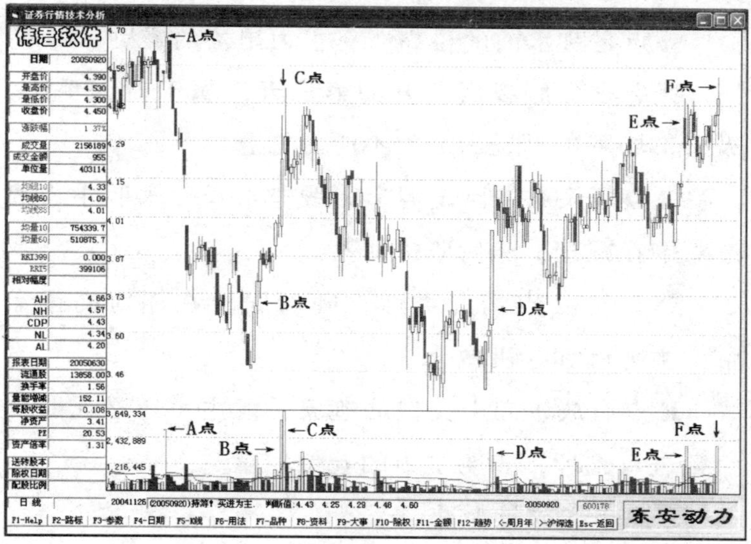

图 30–4

在 9 月 20 日收盘后当天有朋友向我推荐该股时，我看到的就是这张图，现在试着分析一下。

显然我们在图中看不到经典的形态，比如头肩底等等，因此如果按照经典的图形分析理论我们一定会无所适从。

当天放量一根阳线（图中F点）有向上突破的可能，也许这正是朋友推荐的理由。

现在我们分析一下该股近一段时间以来放量的情况。

图中放量的地方已经做了标记，从A点到F点共6次明显的放量，我们依次进行分析。

A点是跳水前的拉高，有主力出货的嫌疑。

B点是见底以后回升的第三天，属于对倒手法，吸引市场买进，显示主力不愿意增仓。

C点两天放出巨量但上影线非常长，表明主力通过对倒在减仓，随后股价回落。

D点与B点情况类似，随后股价在相对高位盘整，主力继续寻机减仓。

E点有放量向上突破的迹象，但主力还是让股价盘整进行整理，表明主力的仓位较重。

F点再次放量上冲。

其实只要把每一点的放量都分析清楚我们已经掌握了该股主力的基本情况。

结论是这样的：该股主力绝对是老主力，绝对是被套的主力，绝对是满仓的主力，绝对是属于筹码比较多的主力。

我们要避免经常而且重复使用“绝对”这样的字

眼，除非有把握。

显然，光凭这些结论就能让我们做出决策：放弃这一次机会。

图 30–5 该股三个月以后的日 K 线图。

从 F 点即 9 月 20 日以后该股并没有向上突破，反而一路下跌，更应该引起我们注意的是此后再也没有放出过成交量。

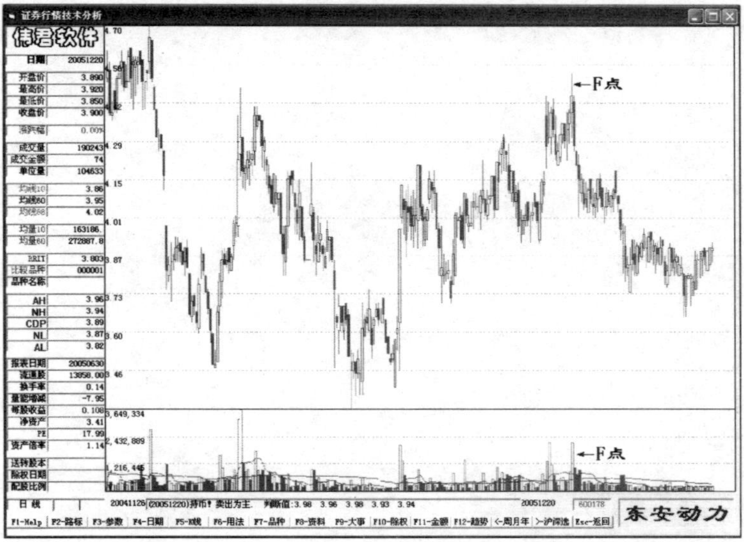

图 30–5

这一点应该引起注意。

当然，仅仅依靠一些放量的分析通常是很难做出具体的投资决策，本案例只能是一种例外。但我们还有其他的武器可用，分析大量毕竟只是图形分析的第一步。

也许有投资朋友会说，这样的分析太简单。但行情研判有时候确实很简单，简单到只要注意一些细节就可以了，问题是我们注意到这些细节了吗？

三十一、图形分析要点之二：相对强度

上一节我们主要讨论了日K线图中的大量，实际上是特指那种持续性相当短的放量过程，类似于脉冲式的放量而不是连续放量。

通过对于一些脉冲式成交量的分析，我们能够得到一些盘中主力的信息，比如主力是不是已经满仓，主力是不是还有多余的资金等等，但仅仅了解这一些信息我们还无法做出最后的投资决策。

现在我们进入到图形分析的第二步：观察股票的相对强度。

这里出现了一个新的名词：相对强度。

所谓“相对强度”是指股价与大盘的相对强度。比如在某一段时间内股价上涨二成而大盘上涨一成那么股价的走势就相对强于大盘。

在这里先说一些题外话。

我们在分析个股的时候往往会不自觉地犯一个致命性的错误，而且更可怕的是我们可能到最后也不会意识到这一点。

回想一下我们的分析过程，一般的顺序都是打开K线图（本书忽略基本面）然后全身心地陷入到K线图中不能自拔，最后根据K线图得出股价走势的判断。比如出现了头肩底的形态，便认定股价会有一次上冲行情，等等。

我们有没有想过：在这个过程中我们犯了一个什么错误？

这个错误就是我们在分析个股的时候没有将它与整个市场一起结合起来进行分析。

我们无法否认这一点：个股的股价会受到其他股价波动的影响，所以我们绝不能以独立的方式进行个股的分析。

假设大盘走出双底形态，我们几乎可以肯定：绝大部分的个股也走出了双底的形态，所以我们正在分析的个股出现双底形态是十分正常的，并不一定就是盘中主力的运作结果。如果大盘最后走出失败的双底形态而继续下跌，那么我们前面分析的个股也非常有可能随大盘一起向下破位。

也许我们分析的个股在某段时间内走势很强，但并不一定表示该股有什么过人之处。如果观察同期指数走势可能比该股还要强！

个股一定会随着大盘一起运行，这就是股价运行受到其他股价运行干扰的结果。对于做短线的投资朋友来说，关心的是有主力参与或者是市场热点的个股，这类个股走强的含义必须是强于大盘。

所以我们必须结合大盘一起进行个股走势分析。

现在我们回到正题。

既然要大盘个股一起结合起来进行分析，那就必须分析个股对于大盘相对强度。也许我们很容易就会想到用简单的比较法，即分别计算某一段时间内个股和大盘的涨跌幅度，然后对比一下就可以了。

从结果来说是对的，但却忽略了整个时间段内的强弱细节。如果我们仔细分析就会发现个股相对于大盘的走势来说，并不是一个不变的比例。也许最后的结局是个股比大盘多跌了几个百分点，但在分析的周期内很可能会有股价走强于大盘的时候，而这正是我们所要关注的细节。

如何全面地分析股价与大盘的相对强度？从理论上来说，我们应该计算每一天相对于基准日的涨跌幅度，但工作量会相当大，有时甚至是不现实的。

我们可以让电脑软件来帮我们完成这件事。

现在绝大多数的行情分析软件都有一种叫做添加技术指标的功能，通过这个功能我们可以将自己创设的技术分析指标输入到软件中，然后软件就会像计算

MACD 指标或者其他指标一样完成我们新设定指标的计算并清晰地显示在电脑屏幕上。

“相对强度”指标可以这样设计：

相对强度指标=股价/大盘指数×100

比如在某年某月某日，股价是 5 元而上证指数是 1000 点，那么该日的“相对强度指标”就是 5/1000×100=0.5。

在这个指标公式中可以乘以 100 也可以不乘以 100 或者乘以其他的数据，主要是为了分析起来更直观一些。如上例，如果不乘 100 结果就是 0.005，而如果乘 1000 就是 5，对于分析结果并没有本质上的差异，主要是为了看上去更直观一些。

由于股价都远远小于指数，因此不乘以 100 的话就显得过于小了。

当我们创设了这个指数并让软件计算出来之后就会发现：对于任何一个个股来说，其对应的“相对强度”指数并不是平坦的，这充分说明股价的走势与大盘的走势是不会完全一致的。

如果这根指标线上行，股价就走强于大盘。特别要注意：所谓的走强是相对走强，股价也有可能是下跌的，只是下跌的幅度小于大盘的下跌幅度而已。

如果指标线下跌则股价走势弱于大盘，同样道理，这时股价走势也有可能是上涨的，只是涨幅没有大盘大而已。

当我们打开日K线图并选择“相对强度”指标后，我们对该股的相对走势已经一目了然，在哪一段时间内走势强于大盘而在哪一段时间内又弱于大盘。

现在的行情分析软件中还有一个K线图的叠加显示功能：即在一家个股的K线图上用不同的颜色叠加显示另外一家个股的K线图。如果我们将叠加的个股选择为大盘指数。那么我们就可以得到一张个股和指数的叠加K线图。

现在我们的这张K线图上，上面是个股与大盘指数的叠加K线走势图，中间是“相对强度”指标图而下面是成交量图。

我以为，这才是一张真正完整的用于图形分析的行情分析图。

最下面的成交量图我们在上一节已经用了一次，主要是为了分析那些脉冲式的大量，本节我们暂时不用成交量图，而是要用上面的两张图：即股价与指数的叠加K线图和“相对强度”指标图。

其实股价和指数的叠加K线图以及“相对强度”指标图的根本意义是一样的，都是反应股价相对于大盘的走势。只是指标进行了精确的量化而叠加图只是给出了一个大致的轮廓。

由于股票市场的很多决策，往往来源于一些形象化视觉的冲击，所以叠加图是非常有用的。

那么“相对强度”指标图的作用何在呢？

股价运行有一个无法解释的现象：上涨要比下跌难得多。在这里我们只是客观地承认这个现象但并不对此进行探讨。所以一旦股价的走势强于大盘，尤其是当大盘在下跌的时候，股价跌幅明显小于大盘甚至逆势小幅上涨的时候，个股的股价一定是受到了外力的干扰，否则也应该同步下跌才对。

这种外力可能来自于新主力的建仓，也可能是老主力的阶段性增仓，或者只是某张大买单所为，这类大的买单有可能来之于基金或者某个实力机构也有可能是某个个人。确认这股力量的来源对于我们来说是非常重要的，它将对我们的投资决策起到决定性的作用。

如果有新的主力建仓，那么我们并不会急于马上跟仓，但绝对应该密切关注该股票，因为新主力介入之后一定会有大的行情，这绝对是暴利机会。尽管我们看到很多庄家最后都倒在市场上，但任何一个庄家都会对自己所控制的股票进行大幅度的拉抬，而我们所要的只是这个拉抬的过程，至于庄家最后能不能出来则并不是我们所需要关心的。当然，由于新的主力在建仓的过程中还会运用多种手段调控股价，因此真正的股价底部未必就在眼前，而且拉升股价的时机也往往不在建仓期，所以我们在追求一个完美的投资过程中应该尽量做到在主力拉升股价前后介入。

如果是老主力的阶段性增仓，说明主力对股价的阶段性底部比较认同，而且手中还有一些资金，因此一旦大盘回稳则该股会有一波上冲行情，至少主力要将近期新建立的头寸平掉。

如果仅仅是来自其他方面的某一张大买单，那么我们大可不必多加关注。

当然，“相对强度”指标只是告诉我们股价的强弱，至于这种走强的外力具体来自于哪里还必须依赖于其他的方法，但“相对强度”指标至少已经提示我们有这个外力了，而且某些情况下我们还是可以有所感觉的。

现在我们配合叠加的 K 线图来分析“相对强度”指标较强的状态。

状态 A：每次大盘回落的时候股价的回落都比大盘少。

这表明有人不希望股价继续下跌，所以盘中有主力，属于主力护盘，而且绝对是老主力。假如是新主力的话也许会顺势将股价打下一个台阶而不会护盘。

状态 B：大盘回落的时候股价小幅回升。

要么是新主力建仓，要么就是机构的一次性买单。但光靠“相对强度”指标是无法区别的，我们可以借助于盘中的实时分时图来进一步确认。

状态 C：大盘上升的过程中股价比大盘涨的更多。

基本上可以判定是某张市场上的大买单，绝非主力在运作。这种一次性的机构买单往往在大盘回升的过程中会以比较着急的架势抢筹码。但由于这类单子不会护盘，因此大盘一旦回落股价的回落也会非常快。

状态 D：股价远远走强于大盘，个股独立于大盘走出连续上冲行情。

这是主力进入拉升阶段，但还须确认新老主力的差异。

上面分析了“相对强度”指标走强的特征，除此之外还有指标走弱的时候，但我们的重点是观察强势股，因此不考虑指标走弱的状态。

如果股价基本上一直是走弱于“相对强度”指标的，那么我们就没有必要去关注这家股票了。当然，如果我们从指标走强的过程中发现了主力的蛛丝马迹，那么指标走弱的部分同样在我们的分析范围之内，这对于我们判断主力是新主力还是老主力有非常重要的作用，因为新主力往往会故意打压股价使之大幅度下跌。

下面分析一个案例。

图 31-1 赤天化（600227）2005 年 7 月 27 日以前的日 K 线图。

上面是股价的 K 线图和上证指数的收盘指数图的叠加图（为了看得更清楚一些没有用上证指数的 K 线图），中间是“相对强度”指标图，下面是成交量

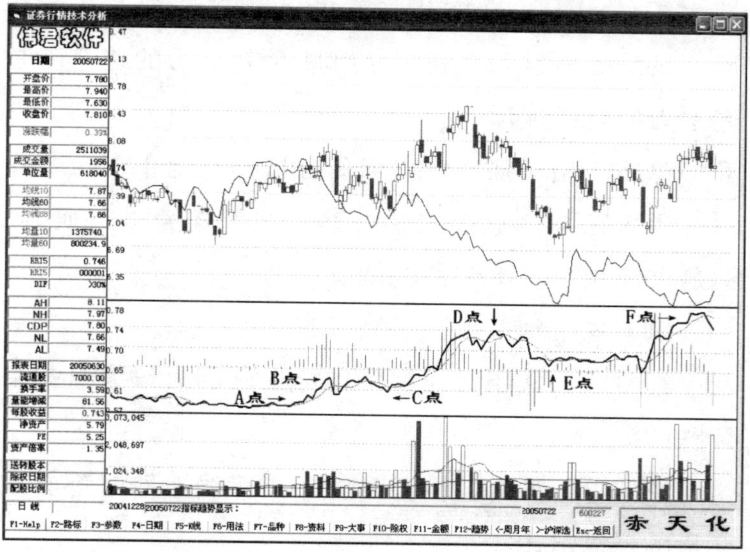

图 31-1

图，完全符合图形分析的基本要求。

我们的重点是“相对强度”指标图。

图中的A点到F点是“相对强度”指标线各个时段的高低点。根据“相对强度”指标图，指标线呈明显的一浪高过一浪的走势，指标不断创出新高(B、D、F点逐步走高)，底部又不断抬高（A、C、E点逐步走高)。

“相对强度”指标走势图告诉我们，在观察期内该股走势比大盘强了很多，而且由于“相对强度”指标线的上冲出现了三次，所以可以基本上排除是一次性大买单所为，这样几乎就可以断定是主力在运作了，只是单靠这一点还无法判断是新主力的建仓还是老主力的阶段性增仓。

单纯“相对强度”指标的分析到此为止了。

为了让本例显得完整一些，我们接着进行研判，但这已经超出了本节的范围。

以下三个细节你注意到了吗？

细节A：“相对强度”指标上涨的时候大盘都是下跌的。

细节B：每次“相对强度”指标线上涨时都有成交量的连续放出。

细节C：股价基本上在7元到8元之间波动。

细节 A 告诉我们主力的建仓规模相对较大，因为顶住了大盘的下跌，所以一定会有较多的市场筹码被主力接掉。

细节 B 进一步证实了细节 A 的结论。

细节 C 告诉我们主力认可 7 元到 8 元的相对底部区域。

这三个结论不在这儿展开，投资朋友可以试着自己研判一下。

最后的结论：一旦大盘回稳，该股必将被主力拉起来。

图 31–2 该股后来的走势图。

显然，随着大盘的回升，“相对强度”指标线又创出两次新高（图中的 G 点和 H 点），股价走出一波上升行情，如果我们及时参与的话可以有三成的收益。

通过“相对强度”指标以及相应股价走势的分析，对于是否有主力以及主力的性质有了更进一步的了解。

当然，现在还没有到最后的决策阶段，因为图形分析工作并没有最后完成。

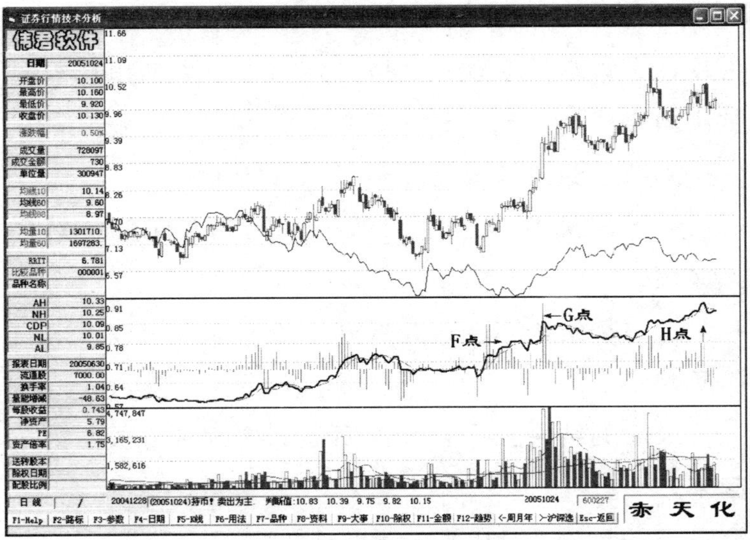
证券行情技术分析
日期 20051024
开盘价 10.100
最高价 10.160
最低价 9.920
收盘价 10.130
成交量 728097
成交金额 730
单位量 300947
AH 10.33
NH 10.25
CDP 10.09
NL 10.01
AL 9.85
报表日期 20050630
流通股 7000.00
换手率 1.04
每股收益 0.743
净资产 5.79
PE 6.82
资产倍率 1.75
F点
G点
H点
20041228 (20051024)持币！卖出为主 判断值:10.83 10.39 9.75 9.82 10.15
20051024
600227
赤天化
F1-Help F2-路标 F3-参数 F4-日期 F5-K线 F6-用法 F7-品种 F8-资料 F9-大事 F10-除权 F11-金额 F12-趋势 <-周月年 >-沪深选 Esc-返回

图 31-2

三十二、图形分析要点之三：量价配合

现在我们进入图形分析的第三步：分析成交量和K线图的配合问题。

所谓的量价配合问题也许早就被市场所熟悉，我们对量价原理也早已熟悉，比如“价涨量增行情看好”之类。但如果我们仅仅只是孤立地运用这些俗成的原则，势必会发现量价原理在实战中效果很差。原因很简单：

传统的量价原理并没有考虑大盘的情况。

每当大盘在上涨的过程中绝大多数的股票都是上涨的，差异只是在于上涨幅度的大小。

从投资者的角度来说，由于大盘的预测难度相当大，因此选择个股的基本要求是在未来的走势中强于大盘。这样万一大盘回落，这种个股起码可以比大盘跌得少甚至不跌反涨。

正是因为这个原因，我们在上节探讨了“相对强度”指标，即通过“相对强度”指标来研判未来个股相对于大盘的强度。

在此基础上再来考虑进行下一步的分析。

通过“相对强度”指标的建立我们得到了一张满意的 K 线图：上档是个股和大盘指数叠加的 K 线图，中间是“相对强度”指标图，下档是相应的成交量分布图。现在我们要再次利用这张 K 线图进行量价配合的分析。

有的投资理论把成交量看得很重，甚至认为“成交的价格可以被操纵但量是真实的”，这种说法并不科学。

成交的价格是可以被操纵，但成交量也是可以被操纵的。

比如主力通过对倒做出来的成交量就是被操纵出来的。当然，主力只能增加成交量但却无法将已经成交的量缩小。因此当成交量相当小的时候我们似乎可以承认“量是真实的”，只是我们也很难界定小到什么程度的量，才可以确认是没有被主力操纵过的量。现在市场上已经出现一天只成交 100 股的个股，这个量无论如何也应该算是很小的量了，但即使是这么小的量也还可能是被操纵的量，因为主力惟恐整天没有一笔成交而自己对倒了 100 股。既然这么小的量都有可能是被操纵出来的，那么我们基本上可以认定“成交量也是可以被操纵的”。

当然，由于成交量只能进行单向操纵，即只能增加不能减少，因此在一般情况下主力操纵的愿望不会像操纵股价那么强烈。考虑到市场认同“价涨量增后市看好”这个理念，主力在拉升股价的过程中会操纵成交量。

这里所说的操纵成交量并不完全是对倒。对倒只是其中的一种方法，但在目前逐步规范的市场中对倒属于违反刑法的范畴，因此以后主力会越来越慎重地应用这种手法，当然目前还没有引起足够的重视。

除了直接对倒做量以外还可以进行间接对倒。所谓间接对倒就是在交易时段内实施“高买低卖”的策略。在拉升股价的过程中主力肯定要被迫将上档的压盘买进来，但只要下档有接盘特别是较大的接盘时也一定会抛出去，然后再在下面挂上自己的买单。这样做表面上看是“高买低卖”，但主力从来都是只算总账的，根本不会计较当天的买卖差价。这样做的目的有时候并不是为了增加成交量，更主要的是能够确保进来的买单成交。通过这种方式主力实际上是在担当做市商的角色，提高市场的换手率，增加市场的持筹成本。

尽管成交量也有被操纵的可能，但它仍然在图形分析中担当着重要的角色。下面回到我们的图形分析。

通过“相对强度”指标的走势，我们会发现某一些时间段内股价的走势强于大盘或者弱于大盘，但我们只对强势感兴趣。

当指标走强时对应的大盘 K 线图有可能上涨也有可能下跌，我们更关心的是大盘下跌的图形。与此对应的股价 K 线图有三种可能：上涨、盘整和下跌。如果股价是逆大盘而大幅度上涨的话表明主力已经进入拉升阶段，这并不是我们所感兴趣的范畴。

除此以外的其他情况基本都可以归入盘整一类，这才应该是我们所感兴趣的。

大盘下跌而股价盘整，不排除以下几种可能性。

可能性 A：持筹者非常看好该股的前景而不愿抛售。

如果该股是短期的市场热点，可能性 A 是存在的，我们可以判断一下最近市场的热点。如果该股不是热点，那么成交量是关键。如果成交量确实非常小，抛盘稀少的结论是成立的，所谓“跌无可跌”是比较形象化的表述。

可能性 B：该股进入长期下跌的底部而出现惜售。

可能性 B 也是存在的，尤其是当股价不断创出历史低位后市场上会出现这种心态。判断的关键也在于相应的成交量，惜售的结果一定是没有量，我们同样可以称它为“跌无可跌”。

只要是没有相应的成交量放大，或者成交量继续缩小，那么都是惜售的结论。对于这种股票短线投资者不会关注，因为没有出现主力运作的迹象，所以即使未来股价会上涨也一定是跟随大盘的被动性上涨。

可能性C：存在某一张大买单在目前的价位进行买入。

这张大买单可能来之于某个机构或者某个个人，也有可能是来之于盘中的主力。

大盘下跌一般都会带出市场上的抛盘并推动股价同步下跌。如果股价并没有同步下跌那么一定是存在较为主动的买盘消化掉上档的抛压盘，这样成交量的放大就成为必然。所以只要成交量有放大的迹象就表明可能性C的存在。

放大的成交量可以确认有主动性的大买单，但光靠这一点还无法确认这张大单属于主力还是属于市场其他的机构或者个人。要区别这两者最好的办法是观察当天的盘中分时走势时的接抛盘变化，即细细观察盘中接抛盘的变化。但由于时过境迁，我们很难再回看当时的成交情况。

在这里我推荐另外一种方法，就是观察“相对强度”指标线走出上升波的次数。

如果在几个月内“相对强度”指标线有过三次甚至更多的上冲次数，那么就基本上可以确认是盘中主力在运作而不是市场上偶尔出现的某一张大买单。

在低迷的市场中也许会出现一些类似基金之类的大买单，但这种买单绝对不会很大，不可能会大到使“相对强度”指标线多次出现上涨。合理的结果是能够使“相对强度”指标线上涨一次，更多的情况是一张大买单仅仅只能使股价走强于大盘一天甚至半天。

如果通过“相对强度”指标线走出上升波段的次数，我们能够确认该股有主力在运作，那么就是最后的可能性 D。

可能性 D：主力在护盘或者建仓。

道理前面已经谈到了，只要相应的成交量放出，就一定是有较大的买单，无非是要确认属于主力还是属于其他的一次性买单。

回顾上一节的图 31–1 的案例。

由于自 A 点以后成交量开始呈现总体放大的迹象，所以一定是大的买单出现。指标线在三次上冲的过程中（B 点、D 点和 E 点）都伴有成交量的阶段性增加，而且我们也注意到这些放出来的成交量并不是前面我们讨论过的脉冲式的放量，因此图形显示该股有主力在运作，只是不知道是老主力还是新主力。

从时间跨度上来看，“相对强度”指标线用了半年的时间完成了三次上冲行情，表明这些买单的量是比较大的。

首先我们想到的是有新主力在建仓。但总的成交量显示不能满足做庄的要求，因此所谓新主力也不会是做庄的主力，只能是阶段性操作的主力。反过来说，如果是新的做庄的主力那么就应该将股价顺势往下打压才对。

其次可能是老主力在此增仓。由于时间较长，所以该主力原先的仓位并不重，而且原先的筹码成本也不高，套得也很有限。

最后可能是几家机构联手在买，比如几家基金都看好，所以不约而同地在该股中建仓。因为是一种合伙性的行为，所以我们也把它叫做主力。既然有约定，那么建仓完成以后是要把股价拉到一个新的台阶上去的，否则大家都会被套从而影响基金的净值。

无论是哪一种情况，我们都有至少是短线参与的理由。

在这里我还是要再提一下前节讨论过的“大量”。

如果这些所谓放大的成交量只是脉冲式的“大

量”，那么结论就只能是主力的被动性护盘，而且这种主力由于已经满仓或者已经没有多余的资金，未来股价的走势不会很强。排除这种情况只要抓住一个特点，就是脉冲式，这种放量很少会连续超过两天以上，而且因为是对倒所以量能放得特别大，与我们现在分析的连续放量情况明显不同。

还要注意一个细节：

脉冲式放量的前提往往是大盘的上涨日。

盘中被套主力因为仓位过重和资金匮乏，必须借大盘的势能才能发挥，所以脉冲式放量的前提是大盘当天走强，或者大盘拉出较长的上影线。

而我们判断的情况正好相反：股价是逆大盘而走强。

三十三、图形分析要点之四：被忽视的细节

经过前面三个步骤，我们已经对展现在面前的K线图所掩盖的一些信息有了一个大致的了解。如果该股当时确实是有新主力在建仓，或者是有轻仓的老主力重新建仓，那么我们基本上可以做到心中有底。

然而投资的必然结局就是赢或亏，它直接涉及到个人或者法人的财产，因此仅仅是一个“大致的了解”，一个“心中有底”还不能促使我们做出下单的决策。

我们无法做到万无一失，但我们应该做到获取尽可能多的信息。

在对图形做了三种类型的分析后，如果再得到一些其他的信息就有了更大的把握。

以下一些条件如果能够同时满足，我们将非常感兴趣：

没有“脉冲式”的放量现象。

“相对强弱”指标有过三次或以上的上冲现象。

“相对强弱”指标上冲过程中大盘基本上没有上

涨。

“相对强弱”指标上冲过程中有放量现象但不是巨量。

但这些条件还是不够，一次完美的投资决策取决于通过现有的图形掌握更多的信息。但要把这些信息一一罗列出来是不可能的，我们只是尽量小心翼翼地做到不放过任何一个可能告诉我们信息的细节。

假设我们所观察的个股已经满足了以上几个条件，那么基本上已经可以考虑出击了，只是为了更加完美，还有一些细节必须要有个交代。

下面是一些很容易被忽视的细节。

细节 A：股价拉出长阳线或者长阴线。

长阳线表示股价在当天有一个明显的涨幅，说明股价走势很强。

这是孤立分析 K 线图的结论，但我们现在已经认识到这种分析方法的不足，因此要配合大盘的走势一起进行分析，如果当天大盘也是拉出大阳线的话股价有相应表现是很正常的。当然我们还要看一下“相对强弱”指标，如果当天该指标仍然明显上涨，那么该股还是走强于大盘，如果指标下跌，那么结论刚好是相反的，所以在做出结论之前千万不要忘了大盘。

就算大盘也涨，股价也涨得比大盘多，只要没有出现巨量（上涨放量是很正常的），那么我们完全可以忽略这根阳线。

如果在股价拉出大阳线的同时大盘却是明显的下跌行情，这就比较让我们担心了。

我们所谓的股价走强只是一个相对的概念，如果个股逆大盘而大涨就绝对不是在主力的建仓期。

尽管避免谈到基本面，但有时候还是会不得不提到一点。

如果当天或者后一天该股有一个重大的基本面消息，那么这种一次性的大阳线还是属于随机性的扰动，不该对我们的结论形成冲击。

图 33-1 仍然是赤天化(600227)的日 K 线图。

图中的 A 点拉出大阳线，当天股价上涨 9.29%，但上证指数走势图显示当天也是大涨 8.21%，“相对强度”指标显示当天基本走平，显然股价只是略微比大盘强了一点点。成交量图显示当天尽管放量但比较温和。

结论是我们可以忽略这根大阳线。

大阴线更有分析的意义。

如果是新主力在建仓，那么当仓位达到一定的数量时主力会顺势往下打压股价，以期买到更多更低价位的筹码。

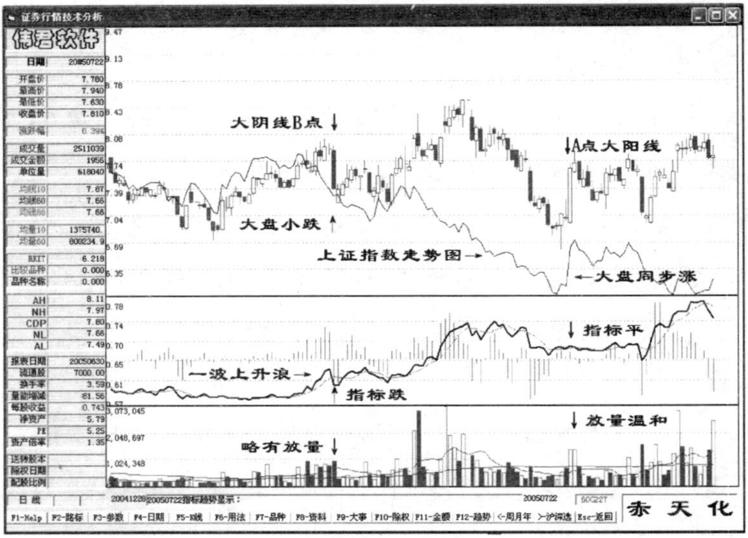

图 33-1

如果是主力阶段性的增仓，那么当新增的仓位较多而大盘仍然没有起色时也会有一定的出货动作。

这两种情况的结果都有可能使股价拉出大阴线。

仍以图 33-1 为例。

图中的 B 点拉出大阴线，跌幅 6.46%，当天“相对强度”指标明显下跌，上证指数当天仅下跌 1.29%，成交量几乎没有放大。

如果静态地进行比较，当天大阴线是明显弱于大盘的，但结合前几天的走势看，大盘已经连拉四根阴线，而股价却创出了一个阶段性的新高，“相对强度”

指标也显示在此之前走的是一波上升浪，表明主力有增仓的行为，而这一根大阴线应该是主力打压股价或者是减掉部分新增筹码所为，并不影响我们前面的分析结论。

细节 B：股价波动幅度。

对于任意一个时段的 K 线图来说电脑软件的设计总是将期内的最高价顶到天花板，而将最低价放到地板上。这是一个非常普遍的现象，因此我们不会去注意这一点，但对于我们的视觉会有很大的冲击力。

如果在观察期内股价波动从 20 元到 24 元，我们会有什么感觉？波幅比较大。

如果股价波动从 2 元到 2.5 元，感觉是什么？波动不大。但实际上幅度有 25%，超过前面的 20%。

图 33-2 和图 33-3 是在同一个观察周期内的 K 线图。

图 33-2 中股价的最高和最低分别是 6.58 元和 4.90 元，所以波动幅度为 34% 。

图 33-3 中股价的最高和最低分别是 4.27 元和 2.31 元，所以波动幅度为 85% 。

显然，顶天立地的 K 线图对于我们形成的视觉冲击就是让我们忽略了股价波动幅度的差异。

如果我们通过前面图形分析的三部曲，最终锁定

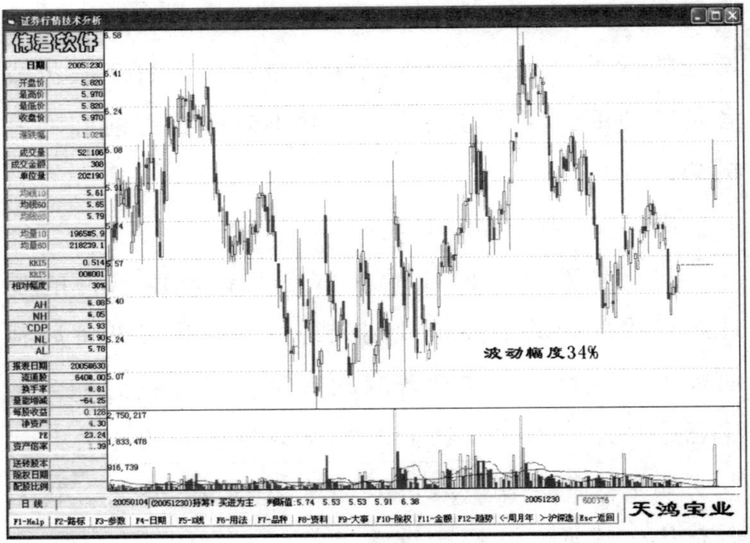

图 33–2

了某个股票，但忽略了股价波动幅度的分析，很有可能会导致决策的失误。

如果股价在我们的观察期内波动幅度过大，那么“相对强度”指标一次又一次的上冲，可能只是主力在进行小范围内的护盘，在随后的“相对强度”指标回落的过程中已经将护盘增加的筹码脱手。不管怎么说，波动幅度过大的个股表明主力在其中挣扎，后面难以走出强于大盘的可操作性行情。

我们希望得到的是波动幅度比较小的个股，这表明有新主力在建仓或者老主力在进行阶段性增仓，后

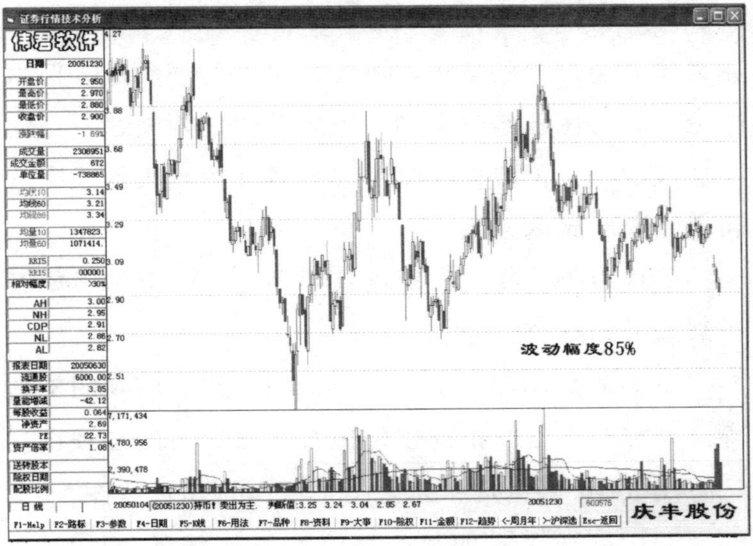

图 33-3

面会有一波明显的拉升行情。

细节 C：较长的上影线或者下影线。

随着时间的推移，当天盘中出现的上影线或者下影线已经慢慢退出市场的记忆。但作为投资品种的选择，我们不能放过任何一个微小的细节。

某天的 K 线图上出现了较长的上影线或者下影线，说明什么？至少告诉我们那天的股价波动可能出现过异常。

有一种情况可以排除在异常现象之外。

如果当天在最高价或者最低价附近成交的量非常

小，那么可以认定只是偶然因素。这种偶然因素可能是某个心急散户的单子也可能是主力的小动作。但由于分时走势图已经看不到，因此具体地判断这一点还是比较困难，但我们还是可以通过计算当天的成交均价做一个大致的判断。

除此以外，我们要对这些明显过长的上影线或者下影线做出解释。

下面的案例提供了一个分析的思路，用到的工具除了“相对强度”指标以外还有叠加的大盘 K 线图。

图 33–4 仍然是赤天化(600227)的日 K 线图。

图中标出了有明显上影线和下影线的 A、B、C 点，我们分别进行分析。

A 点是一根上下影线都很长的十字线，当天指标变动不大，关键是成交量没有变化，因此断定属于偶然因素。

B 点主要是上影线较长，特点是股价创出阶段性新高，当天大盘同时下跌，成交量同步出现阶段性大量。由于 290 万股的量对于 7000 万股的流通盘来说还不能算是巨量，同时通过计算可知，当天的成交均价为 8.11 元，正好处于最高和最低价的中间，因此结论就是股价出现阶段性回落，但仍然是主力的小打小闹。后面的走势也显示并非是主力的全力出货。

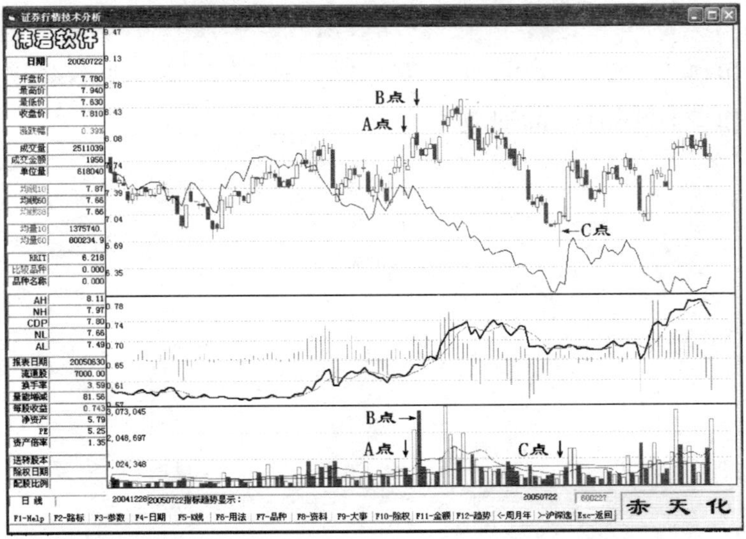

图 33-4

从 B 点开始大盘直下千点大关，市场持续低迷，该股随大盘一路下跌但我们注意到“相对强度”指标并没有创新低反而将底部大大抬高。

C 点实际上是大盘历史性下破千点后的第三天回升行情，有趣的是股价却在第三天创出了新低。从 C 点的成交均价看该股当天应该在上午下探底部随后被拉起。由于成交量很小，应该是主力故意打压所为，有明显的诱空意图，很有可能当天的 6.60 元会成为至少是阶段性行情的低点。

本案例的分析结果依然支持原有的结论，但这种情况并不是一直这样。如果结果出现异常，那么必须重新回到前面的研判中。

后 记

《看盘细节》终于写完了，但又感觉没有写完。

在书中我只是提出了一种看盘的方法，不知道看完此书的投资朋友最后能不能接受这种方法，但我希望能。

本书中我只探讨了一些细节，其实我们可以分析的细节很多。其中有些细节确实是不重要的，只是由于每个投资者的观点不同，对于细节的认知度也会不同，这样所谓某些细节的重要性也就完全依赖于投资者本身，在这里我也只是提出这样一个概念，提倡这样一种做法。但这不是一种可以明确说出像“二十二条军规”那样的方法，它更多地在于意会，它最主要依赖的不是投资朋友的学历或者学位，而是分析判断事物的能力。

其实每一个人都具备这样的能力，只是自己不一定知道而已。我把此书写出来的目的就是以期唤醒投资朋友的潜意识，让投资朋友从各种投资理论中解脱出来。

书中只是分析了很少但比较常见的细节，其实细节到处存在，投资朋友可以在各自的投资生涯中继续自己的细节分析。

千万不要忘记：

找出关键性的细节是第一步！

让我们一起进步！

《从外行到内行——

股票投资实战解析》

作者：潘伟君　定价：30.00元

该书的宗旨是帮助投资者快速通过进入市场以后的混沌期，从一个完全的门外汉变成内行。

也许投资者进入股票市场已经几年了，但战绩并不理想，这可能与你缺乏全面的基本素质有关，而该书将为你补上这一课。

该书主要内容有：投资品种、投资过程、交易过程解析，投资成功的两个要点，基本面分析，经典理论概述，培养对数字的兴趣，看图知识，技术指标的本质、主要技术指标及技术指标到底有什么用，量价形态本质、量价形态分析入门及量价形态分析，图形分析能解决什么问题，各种K线形态及其含义，股票投资全过程解析。

该书的目的是从实战的需要出发将一个成熟投资者必备的要素告诉读者，包括最基本的投资要素乃至经典的投资理论，使投资者能够以最快的速度全面掌握股票市场，直到进行股票买卖时得心应手。